INVENTAIRE
F 38.173

I0068717

DE L'INCAPACITÉ DE LA FEMME

DE L'INCAPACITÉ DE LA FEMME

38173

FACULTÉ DE DROIT DE CAEN

THÈSE POUR LE DOCTORAT

SOUTENUE PUBLIQUEMENT

DANS LA GRANDE SALLE DE LA FACULTÉ DE DROIT

Le Mardi 20 Mars 1867

PAR

CHARLES-JULES LANDAIS

AVOCAT A LA COUR IMPÉRIALE DE LIMOGES

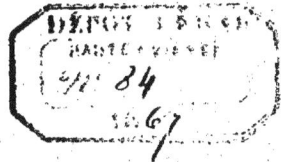

BIBLIOTHÈQUE IMPÉRIALE IMPR.

DÉPOT LÉGAL
HAUTE-VIENNE
84
1867

LIMOGES

Mme Ve H. DUCOURTIEUX, IMPRIMEUR DE LA COUR IMPÉRIALE

RUES CROIX-NEUVE ET MONTE-A-REGRET

1867

SUFFRAGANTS :

MM. BAYEUX, *Professeur.*
BERTAULD, id. *Président.*
CAUVET, id.
CAREL, id.
TOUTAIN, *Agrégé.*

A MONSIEUR

LE PROCUREUR GÉNÉRAL OLIVIER

Hommage de respect et de sincère
affection

A MA GRAND'MÈRE

A MON PÈRE ET A MA MÈRE

A MA FAMILLE

DE L'INCAPACITÉ DE LA FEMME

Depuis l'origine des sociétés, une inégalité profonde s'est toujours manifestée, même dans l'ordre des droits purement civils, entre la condition politique de l'homme et celle de la femme. Liberté, indépendance dans l'exercice des facultés garanties par la loi, capacité pour tous les actes de la vie juridique, telle a été la part de l'homme. Incapacité à divers degrés, variable dans son étendue et dans ses effets, voilà ce que nous offrent, pour la femme, les législations de tous les peuples. Étudier les règles et la portée de cette incapacité aux différentes époques de l'histoire de la société romaine; rechercher comment, en traversant le moyen-âge, elle s'est conservée et maintenue dans nos lois et dans nos mœurs jusqu'au jour où les rédacteurs du Code Napoléon en ont fait un des principes essentiels et fondamentaux de notre droit privé moderne; déterminer, au point de vue de la doctrine et de la jurisprudence, la nature et l'étendue de ce principe : tel sera l'objet de ce travail.

DROIT ROMAIN

Pendant la période de formation de la législation romaine, la condition de la femme est réglementée par des lois rigoureuses et d'une inflexible dureté : à aucune époque de sa vie, on ne lui reconnaît l'exercice des droits civils.

En naissant, la [femme] est placée sous la puissance paternelle, puis deux] pouvoirs parallèles, la *manus* et la tutelle, suivant qu'elle est mariée ou libre, ont pour effet, l'un, de lui enlever toute individualité juridique, en absorbant sa personnalité dans celle de son mari, l'autre, de lui imposer, pour tous les actes de la vie civile, l'assistance d'un conseiller intéressé à la conservation des] biens dans la famille, et qui, en fait, devait substituer souvent sa volonté prépondérante aux légitimes aspirations de sa pupille.

Les progrès de la civilisation eurent nécessairement une grande influence sur des lois qui faisaient à la femme une position si humiliée et si dépendante; aussi, cette situation s'améliora-t-elle bientôt par suite du contact des Romains avec les nations voisines, et de la réaction des mœurs plus douces et plus polies qui résultèrent de la fusion opérée entre les institutions des conquérants et celles des peuples soumis.

Un premier coup fut porté à l'autorité maritale par l'introduction de la dot, qui, en assignant à l'époux un droit de propriété sur une certaine portion des biens de la femme, contribua fortement à assurer à celle-ci la libre gestion des autres parties de son patrimoine.

Tombée en désuétude sous Gaius, la *manus* n'existait plus qu'à l'état de souvenir à l'époque de Justinien.

La tutelle perpétuelle n'avait pas résisté davantage à l'esprit de réforme qui se propageait. Au temps de la république, les tuteurs avaient déjà perdu une grande partie de leur pouvoir et de leur prestige: l'autorisation tutélaire était devenue une pure question de forme, et les femmes traitaient elles-mêmes leurs affaires, en dirigeant à leur gré leurs insouciants et inoffensifs protecteurs.

Les innovations législatives achevèrent la ruine de cette institution. La loi Papia Poppœa, pour récompenser le mariage et la fécondité, délivra de toute tutelle la femme qui avait le *jus liberorum*; la loi Claudia supprima bientôt complètement la tutelle des agnats. Alors, on vit disparaître insensiblement les entraves apportées primitivement à la liberté des femmes, et l'empereur Constantin proclama le principe de la capacité absolue pour celles qui avaient obtenu du prince la *venia œtatis*.

Ainsi, à partir de ce moment, la condition de la femme, singulièrement modifiée, subit les transformations les plus heureuses.

C'est qu'une doctrine nouvelle était venue enseigner au monde l'unité de l'espèce humaine, l'égalité de l'homme et de la femme, au moins au double point de vue de l'origine et des destinées suprêmes. Avec ses dogmes et sa morale, avec ses exemples et son histoire, le christianisme avait relevé tous les genres de faiblesse, réhabilité l'esclave et délivré la femme de l'opprobre qui lui semblait réservé.

La société frappée tout d'abord d'étonnement et de surprise, s'était rendue bientôt, en présence de cette législation qui triomphait de tous les obstacles, et le droit romain, aristocratique et égoïste à l'excès, avait dû plier ses règles sévères et adoucir la rigueur de ses anciens préceptes.

Cependant une indépendance illimitée aurait eu pour la femme les plus grands dangers ; la fragilité naturelle de son sexe, son inexpérience des affaires pouvait l'exposer à toute espèce de périls. Aussi les jurisconsultes romains pensèrent-ils qu'il y avait lieu de la protéger contre elle-même, et de créer en sa faveur une incapacité spéciale, restreinte à certains cas déterminés. Le sénatus-consulte Velléien réalisa d'une manière remarquable, cette idée de protection ; il formera particulièrement l'objet de mon examen.

Nous rechercherons d'abord quelle est la nature du secours accordé aux femmes par ce sénatus-consulte, et quels en sont les résultats ;

En second lieu, quelles personnes peuvent s'en prévaloir ;

Et enfin à quels actes il s'applique et dans quels cas ses effets viennent à cesser.

DU SÉNATUS-CONSULTE VELLÉIEN

CHAPITRE Iᵉʳ.

Nature du secours accordé aux femmes par le Sénatus-Consulte Velléien; — Ses effets.

Aux yeux des Romains, l'inconvénient le plus grave du droit de libre disposition conquis par les femmes, résidait dans la facilité avec laquelle elles se laissaient entraîner à garantir les engagements d'autrui, sans songer aux conséquences désastreuses d'un cautionnement qui, sans action immédiate sur leur fortune, pouvait amener leur ruine dans un avenir plus ou moins rapproché.

C'est Auguste qui, le premier, jugea nécessaire de prohiber toute intercession des femmes pour leurs maris, aux sollicitations desquels elles cédaient trop souvent. «*Edicto erat interdictum ne feminæ pro viris suis intercederent.*» (L. 2, pr. D., *Ad senatus consultum Velleianum.*)

Cette défense fut renouvelée par l'empereur Claude, au commencement de son règne. Mais bientôt on sentit le besoin de la généraliser en l'appliquant à toutes les obligations de la femme pour d'autres personnes. Et, sur la proposition des consuls Marcus Silanus et Velléien Tutor (an 46 après J.-C.), fut rendu le sénatus-consulte Velléien, dont Ulpien nous a conservé le texte. Le sénat se fondait principalement sur ce que le fait de cautionner une dette étrangère était assimilable à l'accomplissement d'une charge publique, ou pouvait du moins être considéré comme un *officium virile*; qu'il était donc juste de placer sous le coup d'une interdiction complète, à cet égard, les femmes que les mœurs et les lois excluaient des fonctions civiles.

Au premier abord, on serait tenté d'attribuer à une pensée politique l'origine et le fondement de cette mesure; il est pourtant à croire que l'idée de protection dont nous avons parlé n'était pas absente des esprits, et plusieurs textes nous prouvent que plus tard elle devint de plus en plus dominante.

« Singulier système, dit M. Troplong, qui permet à une » femme de se ruiner en prodigalités frivoles, et lui défend de » venir au secours de son propre fils par un cautionnement » opportun. »

Nous ne croyons point, quant à nous, qu'on puisse justifier rationnellement une incapacité juridique que l'on imposerait à la femme, en se basant uniquement sur la considération de son sexe.

Cette célèbre décision, commentée et développée par les plus illustres jurisconsultes, resta en vigueur jusqu'à l'époque de Justinien, qui donna à ses dispositions une nouvelle consécration et les modifia sur certains points.

Une fois le principe posé, quels en furent les résultats et quels étaient les moyens qu'avait la femme de faire tomber l'obligation contractée au mépris de cette loi formelle? C'est ce que j'essaierai actuellement de préciser.

Et d'abord, il est constant que l'engagement pris par la femme n'était pas nul de plein droit. Rien ne pouvait faire fléchir les préceptes de la loi des Douze-Tables, et la femme *sui juris*, qui avait rempli les formalités sacramentelles exigées, se trouvait alors nécessairement liée.

Toutefois, si en droit strict elle était bien et dûment obligée, le préteur, par un détour subtil et ingénieux, lui offrait un moyen efficace pour repousser l'action naissant contre elle de son intercession : il consistait à insérer dans la formule l'*exceptio senatus-consulti Velleïani*.

Cette exception était perpétuelle et péremptoire; c'était une arme défensive que la femme imprudemment engagée pouvait toujours opposer aux attaques de son adversaire. (Loi 40, pr. D., *De condictione indebiti*.)

Si la femme négligeait de s'en prévaloir pour paralyser les droits de son créancier, elle était condamnée par le juge; mais elle n'était pas déchue de la faculté d'invoquer plus tard le sénatus-consulte et de frapper d'inertie l'*actio judicati*, en suivant la voie même qui lui était ouverte pour se soustraire aux conséquences de la première demande.

Si, antérieurement à toute poursuite, la femme avait exécuté volontairement l'obligation par elle contractée, elle pouvait encore, pour répéter la somme qu'elle avait payée *par erreur*, user de la *condictio indebiti*. (L. 53, D., *De regulis juris*; l. 26, § 3, D., *De condictione indebiti*.)

De là résulte qu'à la différence de ce qui avait lieu pour le sénatus-consulte Macédonien (L. 40, D., *De sen. Maced.*), le sénatus-consulte Velléien, plus conforme à la loi positive, n'accordait à l'obligation de la femme aucun de ces effets restreints que produisent les obligations naturelles : *Senatus totam improbat obligationem.* (L. 16, D., h. t.)

Non-seulement la règle fut strictement observée, mais ses nombreuses applications furent déduites avec une grande rigueur de logique par les lois romaines.

C'est ainsi que la novation faite par la femme qui avait intercédé pour autrui fut déclarée nulle, et que certains contrats accessoires ne purent s'ajouter à l'obligation contractée, nonobstant la prohibition du sénatus-consulte Velléien.

Toutefois, dans beaucoup de cas, la situation faite au créancier d'une femme ainsi protégée par le droit rigoureux devenait trop fâcheuse pour qu'on ne s'efforçât pas d'y apporter un remède. Aussi, pour ne pas permettre aux tiers de de s'enrichir aux dépens de leurs créanciers, admit-on que toutes les actions éteintes par l'intercession revivraient au profit de ceux-ci. C'était une véritable *restitutio in integrum* (L. 1, 8, 9, 14, D., h. t.), qui leur donnait le droit d'agir en vertu d'une *actio restitutoria*.

Mais il pouvait arriver que l'intercession de la femme eût précisément pour but d'empêcher le créancier d'acquérir une action contre le tiers. Ainsi, Primus a besoin d'argent; au lieu de s'adresser à un capitaliste, il fait intervenir Secunda, qui emprunte en son propre nom une somme qu'elle verse sur-le-champ entre les mains de Primus. Celui-ci n'a pas à craindre la *condictio certi ex mutuo*, puisqu'il n'a pas figuré au contrat. Pour remédier aux abus qui en seraient nécessairement résultés, le préteur, portant une grave atteinte à l'antique formalisme du droit civil, permit au créancier de poursuivre, contre Primus, l'exécution de l'obligation, à l'aide d'une *condictio utilis quasi ex mutuo*, comme l'explique parfaitement Ulpien. (L. 8, p. 14, D., h. t.) C'est de ce texte qu'on a tiré le nom d'*actio institutoria*.

L'action restituée au créancier renaît *cum sua causa*, c'est-à-dire avec toutes les garanties accessoires qui l'entouraient. (L. 20 et 24, D., h. t.)

Cette restitution s'opérait encore dans deux cas particuliers, rapportés par les lois romaines : c'était, en premier lieu, quand le créancier devenait héritier de la femme, et, en second lieu, quand la femme acquérait des droits à la succession du débiteur. (L. 8, D., § 12 et 13., h. t.) Et même, dans cette dernière hypothèse, si la femme était poursuivie par l'action directe, elle ne pouvait opposer l'exception du sénatus-consulte. L'action restitutoire n'était accordée que comme un secours exceptionnel, dans les cas où les intérêts de la femme ne pouvaient être sauvegardés par les moyens ordinaires.

Tels étaient les principes qui gouvernaient cette matière à l'époque classique du droit romain. Sous Justinien, les *judicia extraordinaria* avaient détrôné le système formulaire; toutefois, les *exceptions* avaient survécu, et avec elles s'était conservée la distinction des nullités *ipso jure* et *exceptionis ope*. Aussi est-il encore vrai de dire qu'à ce moment l'intercession de la femme n'est pas nulle de plein droit, mais que ses effets tombent devant l'exception du sénatus-consulte.

Dans deux cas, cependant, l'obligation de la femme est frappée d'une nullité radicale et absolue. C'est : 1° quand les formalités extrinsèques exigées par Justinien, pour sa validité, n'ont pas été remplies (L. 23, § 2, C., h. t.), et 2° lorsque les mêmes conditions font défaut dans le cas spécial où la femme s'est engagée pour son mari. (*Nov.* 134, Cap. 8. Authentique, *Si qua mulier.*).

CHAPITRE II.

Quelles personnes peuvent se prévaloir du Sénatus-Consulte Velléien ?

Le secours accordé à la femme par le sénatus-consulte Velléien devait-il être purement personnel ?

Et d'abord il est évident que l'héritier de la femme, investi des droits actifs et passifs de son auteur, ne peut être tenu d'une manière plus rigoureuse. Rien n'a pu valider l'obligation infciée, dans le principe, d'un vice annulable ; il s'agit d'ailleurs d'une exception perpétuelle qui peut toujours être invoquée par le successible. (L. 20, C., h. t.)

Mais, du vivant même de la femme, les personnes qui avaient accédé à l'engagement pris par elle et qui, par conséquent, pouvaient avoir intérêt à en opposer la nullité, jouissaient-elles du bénéfice de l'exception du sénatus-consulte ?

Sur ce point, une controverse sérieuse s'était élevée.

Gaius Cassius pensait qu'il y avait lieu de distinguer si le fidéjusseur ne s'était obligé que sur la prière de la femme, ou si de lui-même, spontanément, dans l'intérêt du débiteur principal, il était venu fortifier cette intercession. Dans le premier cas, comme l'*actio mandati contraria* accordée au fidéjusseur condamné, contre la femme, eût été inefficace, ce jurisconsulte pensait que ce garant devait jouir du bénéfice de l'exception. Il le lui refusait dans le second, se fondant sur ce qu'alors, en thèse générale, la loi ne lui eût offert aucune protection. (L. 20, § 1, D., *Mandati vel contrà*.)

Julien admet au contraire, sans distinction, que l'obligation de la femme n'étant valable ni civilement ni même naturellement, ne peut servir de base à une fidéjussion ; de sorte que l'action intentée contre le fidéjusseur peut toujours être repoussée par l'exception. (L. 16, § 1, D., h. t.)

Cette dernière doctrine l'emporta sur l'argumentation subtile de la première théorie, et fut bientôt généralement adoptée. (L. 7, § 1, *De exceptionibus*.)

Toutefois, cette solution n'était pas applicable au cautionnement particulier connu sous le nom de *mandatum pecuniæ credendæ*. (L. 12, § 13, D., *Mandati*.)

Au contraire, la loi 8, § 4, D., h. t., autorisait à se prévaloir de l'exception le tiers qui, après l'intercession, avait été délégué par la femme dont il n'était pas le débiteur ; autrement on serait arrivé à éluder le sénatus-consulte.

Mais quelquefois, au lieu de s'engager elle-même envers le créancier, la femme eût pu faire intervenir un tiers, qui se serait obligé en son propre nom pour le débiteur principal ; il semble qu'alors il n'y a eu aucune intercession de la part de la femme, et que le contrat sera parfaitement valable. — S'il en est ainsi, ce sera encore un moyen de faire fraude à la loi.

Pomponius résout cette difficulté à l'aide d'une distinction pleine de sagesse : ou le créancier a été complice de la fraude, c'est à son instigation que la femme a fait intervenir une autre personne, alors il sera repoussé par l'exception du sénatus-consulte ; ou bien il a été de bonne foi, alors c'est le tiers qui subira les conséquences de sa propre faute ; on lui enlèvera la faculté d'exercer contre la femme l'*actio mandati*, et il supportera finalement tout le poids de la condamnation. (L. 10, § 3, D., h. t.) Cette décision est parfaitement conforme à celle que formule Papinien dans les lois 6 et 7, h. t.

Enfin, l'exception du sénatus-consulte Velléien compétait aux tiers qui avaient constitué un gage ou une hypothèque pour garantir l'intercession de la femme, en vertu du principe : *Quum principalis causa non consistit, nec ea quæ sequuntur locum habent.*

CHAPITRE III.

A quels actes s'applique le Sénatus-Consulte Velléien ? — Dans quels cas ses effets viennent-ils cesser ?

§ I.

Le sénatus-consulte Velléien interdisait aux femmes toute intercession. Voët nous fournit une explication étymologique très juste du mot *intercedere;* c'est, dit-il, *se medium inter debitorem et creditorem interponere.*

Quels actes étaient compris sous ce terme générique?

La loi 4, C., h. t., nous en indique trois espèces principales :

1° On peut prendre à sa charge l'obligation qui a primitivement reposé sur la tête d'un tiers : *Sive eam obligationem quæ in alterius persona constitit, mulier in se transtulit;*

2° On peut s'engager conjointement avec le tiers; *vel participavit;*

3° Enfin on peut contracter directement au lieu et place de cette tierce personne, qui bénéficie de l'engagement : *Sive quum alius pecuniam acciperet, ipsa se ab initio ream constituit.*

Mais l'intercession se produisait au moyen de différents contrats réels, verbaux, littéraux ou consensuels, de sorte que les trois cas précédemment énumérés se subdivisaient en plusieurs autres.

Et d'abord, le mode le plus naturel et le plus simple d'intercéder consistait à s'adjoindre par une *adpromissio* à l'obligation d'autrui. A une première époque, la femme était incapable d'être *sponsor* ou *fidepromissor*, et, postérieurement, la *fidéjussion* lui fut également interdite. Le sénatus-consulte s'explique formellement sur ce point. (L. 2, § 1, D.; l. 3, C., h. t.)

Le *constitut* et le *mandatum pecuniæ credendæ* ne pouvaient être consentis non plus par la femme, lorsqu'ils étaient assimilables à un cautionnement. (L. 1, § 1, D., *De pecunia constituta.*)

Il en était de même de la constitution d'un gage ou d'une hypothèque pour la dette d'autrui; la femme pouvait même agir par la *rei vindicatio*, pour recouvrer la possession de la chose donnée en gage. (L. 8, pr. D., h. t.; loi 32, § 1, D., h. t.)

La novation, soit contractuelle, soit judiciaire, résultant de l'intervention de la femme, était proscrite par le sénatus-consulte Velléien. (L. 4, C., h. t.; l. 8, § 8, D., h. t.; l. 2, C., h. t; l. 28, D., h. t.)

La femme n'avait pas le droit de défendre un tiers en justice, ni de compromettre *alieno nomine.* (L. 2, § 5, D., h. t.; l. 41, D., *De procuratoribus;* l. 32, § 2, D., *De receptis.*)

Le mandat donné par la femme à un étranger d'intercéder à sa place pour la personne dont elle prend les intérêts, est

considéré comme une intercession faite en fraude du sénatus-consulte.

L'engagement contracté par la femme seule, mais dans le but d'en faire bénéficier un tiers, était encore rescindable, pourvu qu'au moment de la convention le créancier sût que que la femme agissait dans l'intérêt d'autrui. (L. 8, § 14, D., h. t.)

On regarde aussi comme une intercession la promesse d'indemnité, pourvu qu'il y ait deux personnes distinctes entre lesquelles la femme soit venue s'interposer. (L. 6, § 1, C., h. t.; l. 19, § 4, et pr.; l. 8, § 11, D., h. t.)

Ces décisions, assez subtiles en apparence, sont cependant fort logiques et fort rigoureuses.

Le payement fait par la femme, pour libérer un tiers, était valable, qu'il s'effectuât en espèces ou qu'il s'opérât au moyen d'une *datio in solutum*, peu importe; la femme pouvait en apprécier immédiatement les conséquences, et alors la loi pensait que sa protection lui était inutile, d'après le principe : *Mulier se facilius obligat quam donat*, ou encore, suivant la règle posée par Ulpien : *Mulier per senatus-consultum relevatur, non quæ deminuit restituitur.*

Toutefois, pour que la vente de la chose appartenant à la femme fût efficace, il fallait qu'elle ne fût pas consentie au créancier lui-même (L. 32, § 2, h. t.); autrement l'obligation eût été nulle et l'objet vendu aurait pu être revendiqué entre les mains de l'acquéreur. (L. 32, § 2; l. 29, § 1, D., h. t.)

Cette solution se concilie d'ailleurs parfaitement avec la décision contraire adoptée dans le cas de *datio in solutum*, si l'on examine et que l'on compare la nature et les conséquences de ces deux opérations.

§ II.

Il nous reste actuellement à rechercher quelles étaient les dérogations aux règles générales qui viennent d'être exposées, et par quelles considérations elles avaient été motivées.

En premier lieu, s'il y avait eu dol de la part de la femme, elle ne pouvait invoquer en sa faveur le bénéfice du sénatus-consulte. (L. 2, § 3, D., h. t. ; l. 8, C., h. t.)

Indépendamment même de toute manœuvre dolosive, la bonne foi du créancier qui ignorait que la femme agît dans l'intérêt d'un tiers, faisait obstacle à la rescision de l'engagement. (L. 27, pr. ; l. 11, D., h. t.) C'était là un résultat véritablement nécessaire.

Que si, au contraire, le créancier était fixé sur les intentions de son obligée, il y avait en réalité une intercession annulable. (L. 12, D., h. t. ; l. 1, C., h. t.) Ce principe n'est pas contredit par le rescrit des empereurs Dioclétien et Maximien, qui forme la loi 13, C., h. t. ; car le point de départ est différent dans les deux hypothèses ; il n'y a donc pas lieu de s'étonner de la diversité des conclusions.

Si la femme s'est engagée envers deux créanciers, dont l'un de bonne et l'autre de mauvaise foi, je crois qu'il faut appliquer favorablement la maxime : *Scientia alterius alteri non nocebit.*

L'exception du sénatus-consulte Velléien cesse dans les cas où la femme ne doit éprouver aucun préjudice par suite de son intercession.

Mais de vives controverses s'étaient élevées entre les jurisconsultes romains sur le point de savoir si cette solution devait être acceptée, quand la femme n'avait pas reçu la totalité de la somme pour laquelle elle s'était obligée, ou quand elle n'avait touché l'argent qu'après avoir intercédé.

Justinien a tranché toute difficulté à cet égard, par la loi 23, C., h. t. Dès lors que la femme a reçu quelque chose pour prix de son intercession, pourvu que cette réception soit constatée par un acte public passé en présence de trois témoins, elle est engagée valablement.

Quand la femme qui intervenait pour autrui agissait en réalité dans son propre intérêt, le sénatus-consulte Velléien n'était pas applicable. (L. 3, D., h. t. ; l. 24, D. ; l. 2, C., h. t.)

La protection accordée à la dot et à la minorité avait fait introduire aussi deux autres dérogations.

La promesse de dot fut déclarée obligatoire pour toute personne, sans distinction. (L. 25, C., h. t.)

La femme ne pouvait non plus opposer l'exception du sénatus-consulte quand le créancier était un mineur de vingt-cinq ans, et que le débiteur principal était insolvable. (L. 12, D., *De minor. junct;* L. 11, § *ult.*, h. t.)

Celle qui s'était obligée pour faire obtenir la liberté à un esclave était tenue nécessairement envers le maître, qui, comptant sur cet engagement, avait affranchi l'esclave. (L. 24, C., h. t.)

Une seconde intercession faite par la femme n'avait pas pour effet de valider la première.

Toutefois, aux termes de la loi 22, C., h., t., la femme qui intercède, étant majeure de vingt-cinq ans, et qui, après deux années, réitère son intercession par un acte exprès ou la confirme par un gage ou une caution, ne peut plus invoquer utilement l'appui du sénatus-consulte.

Justinien établit cette modification, en pensant qu'après deux ans, la nouvelle démarche de la femme était plutôt dictée par un intérêt personnel que par l'intérêt d'autrui.

Cependant, par exception à cette règle, dans le dernier état du droit, la ratification de la femme, fût-elle réitérée plusieurs fois, ne validait jamais l'*intercessio* qu'elle avait faite en faveur de son mari. C'est la décision formelle de l'authentique *si qua mulier*. (*Nov.* 134., cap. 8.)

Cette prohibition ne disparaissait que dans le cas où il était prouvé que l'argent emprunté par le mari avait tourné au profit de la femme.

Enfin il paraît constant, malgré les nombreuses objections que ce système a soulevées, que la renonciation expresse au bénéfice du sénatus-consulte Velléien, faite par la femme en dehors des conditions prescrites par la loi 22, C., était nulle; car, s'il en eût été autrement, la protection que la loi voulait accorder à la femme fût devenue complètement illusoire.

ANCIEN DROIT FRANÇAIS

Quand Rome eut succombé sous les coups répétés des Barbares, à l'imposante unité du monde romain succéda le fractionnement du territoire européen en une foule de petites souverainetés, reliées imparfaitement entre elles par les lois de la dépendance féodale. Toutefois, en France notamment, malgré la diversité des coutumes et des statuts locaux, le droit quiritaire, plus ou moins modifié, avait bientôt repris une influence prédominante. Mais d'autres institutions s'étaient également développées et devaient, dans un avenir assez rapproché, faire disparaître sur certains points les traces de la législation de Rome. C'est ainsi que deux principes différents, l'un d'origine romaine, le principe du sénatus-consulte Velléien, l'autre d'origine féodale, le principe de l'autorisation maritale, vinrent régler l'incapacité de la femme.

I.

La prohibition du sénatus-consulte Velléien fut d'abord adoptée en France par les pays coutumiers aussi bien que par les pays de droit écrit.

Henri IV, considérant comme superflue cette protection accordée aux femmes, l'abrogea formellement comme une entrave à la liberté des transactions, sur le conseil du chancelier de Sillery.

Pasquier et plusieurs jurisconsultes de cette époque appuyèrent les propositions du chancelier et eurent, comme lui, une grande part dans l'édit de 1606.

C'est cet édit qui, par un retour ordinaire à toutes les institutions, a modifié des dispositions qu'on eût pu croire immuables, à ne consulter que l'immense respect qui les avait environnées durant de longs siècles. En voici le texte :

« Ordonnons que dorénavant les notaires et tabellions de
» notre royaume ne pourront ès-brevets, contrats et obliga-
» tions et autres actes passés devant eux, insérer les renon-
» ciations aux droits ci-dessus ni en faire aucune mention, à
» peine de toute suspension et de tous dommages-intérêts.
» Demeureront cependant lesdites femmes bien et dûment
» obligées, sans lesdites renonciations, et pour couper racine
» aux procès nés et à naître, validons, par ces présentes, tous
» les contrats et obligations précédemment passés par les
» femmes. »

Le pouvoir royal avait parlé ; mais sa décision, pour être appliquée, avait besoin de la consécration des Parlements.

Le Parlement de Paris enregistra le premier l'édit, qui fut dès lors exécuté dans toute l'étendue de son ressort.

Le Parlement de Bourgogne suivit bientôt l'exemple qui lui avait été donné par la plus illustre compagnie du royaume.

Celui de Bretagne finit par se rendre, après une résistance plus longue.

Tous les autres Parlements se refusèrent à l'enregistrement, et le sénatus-consulte Velléien resta en vigueur dans toute la zone méridionale de la France ; au nord, il continua à être observé en Flandre, en Alsace et surtout en Normandie, pays coutumier, il est vrai, mais dotaliste par excellence.

Les différentes provinces dans lesquelles se conserva la tradition romaine étaient d'ailleurs partagées au point de vue de la nature du secours accordé aux femmes, par suite du maintien du sénatus-consulte.

Pour les unes, l'intercession de la femme était nulle de droit, elle n'avait pas besoin d'obtenir des lettres de rescision ; pour les autres, l'obligation n'était que rescindable ; de là des divergences relativement à la durée de la prescription de l'action ouverte à la femme qui s'était engagée.

Du reste, suivant les règles ordinaires, la prescription était suspendue pendant la minorité et durant le mariage, dans le cas où l'action aurait réfléchi contre le mari.

Le sénatus-consulte Velléien avait alors à peu près la même sphère d'application qu'en droit romain. Cependant, la femme n'était pas admise à en invoquer le bénéfice, quand elle s'était obligée pour procurer des aliments à son mari, à son père ou à ses enfants, ou pour les tirer de prison. Ainsi encore, la renonciation de la femme à la protection du sénatus-consulte faisait cesser à son égard la faveur de la loi, pourvu qu'elle fût expresse et spéciale. Mais la femme qui, en s'obligeant pour son mari, renonçait au sénatus-consulte Velléien, n'était pas censée pour cela avoir renoncé à l'authentique *si qua mulier*, et elle pouvait s'armer de cette disposition légale pour faire tomber son obligation.

Seul, le Parlement de Normandie, s'attachant à la logique des principes, avait rejeté ces renonciations comme entachées du même vice que l'obligation elle-même.

Telles furent les destinées de ce sénatus-consulte célèbre qui, après avoir survécu à la ruine de la société romaine, avait résisté à l'abrogation formelle dont la royauté française l'avait frappé. Il ne devait pas trouver grâce devant les rédacteurs du Code Napoléon, qui le firent disparaître définitivement de notre législation avec l'ensemble des lois romaines et des statuts locaux, en édictant l'article 7 de la loi du 30 ventôse an XII.

Le sénatus-consulte Velléien s'est maintenu dans quelques pays étrangers : l'Allemagne et l'Espagne sont restées soumises à ses prescriptions. Le Code sarde, au chapitre du cautionnement, s'exprime ainsi dans les articles 2054 et 2055, dont nous reproduisons les termes :

« ART. 2054. — Les femmes ne peuvent être cautions ni » se rendre responsables en aucune manière des obligations » d'autrui, sans l'autorisation du Tribunal de judicature- » mage, qui, avant de l'accorder, devra s'assurer si la femme » jouit d'une entière liberté, si elle n'est point entraînée par » dol ou par captation à s'obliger comme caution, et si cet » engagement a une cause juste et raisonnable. — En ce qui » concerne les femmes mariées, le Tribunal devra en outre » s'assurer que le cautionnement a lieu non-seulement pour » des motifs légitimes, mais encore dans l'intérêt de la » famille.

» ART. 2055. — Les formalités prescrites par l'article pré- » cédent doivent être observées à peine de nullité. »

II.

A la différence du sénatus-consulte Velléien, la puissance maritale, qui s'était développée parallèlement, s'appliquait uniquement aux femmes mariées, dont elle restreignait la capacité.

Dans le dernier état de la législation romaine, nous savons que le droit de contrôle de l'époux s'exerçait uniquement sur les biens dotaux, et que la femme avait la libre disposition de ses autres biens.

Les mêmes principes furent d'abord admis dans nos pays de droit écrit et même dans quelques provinces coutumières.

La coutume de Normandie avait accueilli favorablement le régime dotal ; elle connaissait aussi des paraphernaux. Mais la dotalité normande, issue des coutumes scandinaves, différait profondément du régime inauguré par la loi Julia, et le mot *paraphernaux* ne désignait que les meubles servant à l'usage de la femme, qu'elle avait le droit de reprendre en renonçant à la succession de son mari. Aussi, sur le point qui nous occupe, la Normandie avait-elle suivi la règle commune à la généralité des pays coutumiers. Cette nécessité de l'autorisation maritale s'était introduite à la suite du régime de la communauté, qui, associant la femme aux chances heureuses et malheureuses du mari et plaçant les époux sur un pied de parfaite égalité, repoussa jusqu'au-delà de la Loire la dotalité romaine.

Mais il fallait tempérer cette liberté absolue de la femme par le droit d'administration et de surveillance qui appartenait au mari, comme chef de l'association conjugale. « Le mari est seigneur et maître de la communauté, » tel fut le principe général du droit coutumier. (Art. 225, *Cout. de Paris.*) La portée de cette règle dépassa bientôt les limites qui lui avaient été assignées dans son application première.

L'idée de la dépendance féodale, celle de la faiblesse et de l'inexpérience de la femme, contribuèrent à cette extension ; mais il n'en est pas moins vrai que l'autorisation maritale resta la compagne inséparable de la communauté.

La nécessité de l'autorisation était requise en général pour les actes *judiciaires* et *extrajudiciaires.*

Certaines coutumes, entre autres celle de Normandie, avaient même étendu au droit de tester l'incapacité de la femme non autorisée.

Toutefois, en ce qui concerne les actes entre vifs, contrats et instances judiciaires, quelques exceptions au principe de la nécessité de l'autorisation étaient universellement reçues.

Ainsi, la femme poursuivie criminellement pouvait se défendre sans autorisation.

L'ordonnance de 1681 reconnaissait aussi à la femme le droit de s'obliger sans autorisation, pour délivrer son époux retenu en esclavage par des pirates.

Enfin, généralement, la femme était autorisée à vendre sa dot pour retirer son mari *de prison, de guerre* ou *cause non civile ;* elle pouvait donc, à plus forte raison, s'obliger personnellement dans le même but.

Les formes de l'autorisation variaient d'ailleurs suivant qu'il s'agissait pour la femme d'ester en jugement ou de contracter. Dans le premier cas, une autorisation tacite suffisait ; dans le second, elle devait être expresse et formelle. Le mot *autoriser* était sacramentel, et c'était à grand'peine que les jurisconsultes admettaient comme équivalent celui d'*habiliter.*

On était surtout d'accord sur ce point que l'autorisation devait être *spéciale.* Dans quelques pays seulement, l'autorisation générale était valable quand elle était donnée par contrat de mariage.

En l'absence ou au refus du mari, la femme avait le droit de s'adresser à la justice pour se faire autoriser, et même, pour les actes judiciaires, le juge pouvait *de plano*, sur le refus allégué du mari, habiliter la femme sans aucune formalité préalable.

Au reste, de quelque manière qu'elle fût donnée, l'autorisation de justice ne produisait pas des effets aussi complets que celle du mari. Autorisée par son époux, la femme avait la plénitude de la capacité et était liée irrévocablement par les actes qu'elle avait passés dans ces conditions. Au contraire, elle pouvait faire rescinder l'autorisation qu'elle avait obtenue de la justice, quand elle éprouvait une lésion par suite de cette autorisation donnée légèrement et sans juste motif.

Enfin, il était universellement admis dans les pays coutumiers que les actes accomplis par la femme sans autorisation, étaient entachés d'une nullité absolue qui pouvait être opposée par tous ceux qui y avaient intérêt. Quelques coutumes seulement donnaient au mari le droit exclusif de mettre cette action en mouvement.

On décida même, après de longues controverses, que cette nullité absolue, proclamée presque partout, empêchait de cautionner valablement les obligations contractées par la femme sans autorisation. Ce système, en harmonie avec les traditions romaines et l'esprit général de l'ancien droit, fut accueilli par le Parlement de Paris.

L'action en nullité était d'ailleurs perpétuelle et ne s'éteignait que par le laps de trente ans.

Comme nous l'avons déjà fait remarquer, le Code Napoléon

ne s'est point inspiré du sénatus-consulte Velléien : l'incapacité édictée par notre législation nouvelle n'atteint que la
femme mariée ; elle se résume dans la nécessité d'une autorisation ; d'autre part, elle n'est pas restreinte aux obligations
pour autrui, et l'incapacité de la femme est aussi grande
quand elle s'oblige pour elle-même que lorsqu'elle s'engage
pour une tierce personne. Nous allons entreprendre d'en
préciser l'étendue et le véritable caractère.

DROIT ACTUEL

L'autorisation maritale avait été partout la compagne inséparable de la communauté ; aussi cette institution devait-elle
être adoptée par les rédacteurs de notre Code, dont les pré-
dilections pour le régime coutumier étaient si exclusives.

La nécessité de cette autorisation, fût-elle considérée
uniquement comme un hommage rendu à la puissance du
mari, serait encore parfaitement justifiée. Les vieux jurisconsultes écartèrent la femme des affaires civiles, *propter forensium
rerum ignorantiam ;* on exige, aujourd'hui comme autrefois,
l'assistance ou le consentement du mari pour garantir la
sincérité de l'engagement de l'épouse. Rien de plus juste, de
plus convenable, et, en même temps, de plus rationnel et de
plus prévoyant.

Mais quel est le véritable motif de ces exigences, et quel
est le fondement juridique de l'autorisation maritale ?

« C'est sur quoi les auteurs sont extrêmement divisés, »
répondait avec raison l'ancien droit.

Trois systèmes sont actuellement en présence et apportent
chacun, à l'appui de leur conclusion, des arguments d'une
incontestable valeur.

Suivant le premier, l'intérêt du mari, le besoin de mainte-nir son autorité ferme et inébranlable serait la seule base de l'autorisation.

Si l'on en croit un second, la considération des enfants aurait motivé cette mesure, et l'autorisation aurait pour but et pour principe de conserver le patrimoine de la famille. Enfin, d'après le troisième, on aurait tenu compte non-seule-ment de la situation du mari et de la famille, mais encore de celle de la femme, à qui la nécessité de l'autorisation ne pro-fiterait guère moins qu'à tous les autres intéressés.

Ces trois systèmes reposent tous sur des mobiles sérieux et puissants, et il est permis de penser que le législateur mo-derne s'est inspiré des divers motifs mis en avant par chacune de ces théories. La question peut être présentée au point de vue philosophique, non moins qu'envisagée sous un aspect juridique ; il y a longtemps, du reste, que les économistes et les politiques discutent à ce sujet ; fort heureusement, les conséquences sont à peu près les mêmes, quelque parti qu'on embrasse.

Nous l'avons reconnu, l'union conjugale n'est point, en soi, la cause de l'incapacité relative dont la femme est atteinte ; et en effet, pourquoi regarder comme incapable après le mariage celle qui, auparavant, était et devait être, au moins d'après nos idées modernes, soumise au droit commun ? La raison de cette incapacité ne serait-elle pas une sorte de nécessité sociale, un moyen, non pas un but ? Ne doit-on pas voir avant tout, dans cette institution, une règle de morale destinée à sauvegarder l'honneur de la femme, ainsi que l'observaient si judicieusement nos aïeux ? « Les bonnes mœurs et l'honnêteté publique, disaient-ils, ne » permettent pas à la femme d'avoir communication d'affaires

» avec autrui sans le su et le congé de son mari, pour éviter
» suspicion. » D'ailleurs, tout pouvoir, pour être respectable,
doit être un et fort; si la femme pouvait agir seule, à l'insu,
contre le gré du chef de ménage, ne compromettrait-elle pas
gravement la paix intérieure de la famille et l'ordre public
lui-même ?

Toutes ces considérations ont un grand poids et touchent
aux problèmes de l'économie sociale la plus élevée. Sans entrer plus avant dans une discussion théorique, disons pourtant avec Coquille : « La femme, par soi, n'est pas incapable
» à raison de son sexe : son incapacité ne dérive que de ses
» rapports avec son époux, et de la nécessité de faire diriger
» par un seul les affaires qui intéressent à la fois le mari, la
» femme et les enfants. »

Tenons donc pour certain que le principe dont nous re-
cherchons l'origine procède d'une double cause : la faiblesse
de la femme, la puissance du mari, et, par suite, des relations
qui doivent exister entre les conjoints.

Nous partagerons l'étude des règles qui gouvernent l'incapacité de la femme mariée en trois chapitres, dont voici le
sommaire :

A. Dans quels cas l'autorisation du mari ou l'autorisation
de justice devient-elle nécessaire à la femme ? A quel moment
et en quelle forme se donne chacune de ces autorisations ?

B. Quels sont les effets de l'autorisation du mari ou de
justice ?

C. Quelles sont les conséquences du défaut d'autorisation?

A

CAS OU SE PRODUIT LA NÉCESSITÉ DE L'AUTORISATION ; — A QUELLE ÉPOQUE ET DANS QUELLES FORMES DOIT-ELLE INTERVENIR ?

La nécessité de l'autorisation maritale dérive du mariage, commence, dure et finit avec lui. Elle s'applique aux actes judiciaires ou bien aux actes extrajudiciaires.

« ART. 215. — La femme ne peut ester en jugement sans » l'autorisation de son mari, quand même elle serait mar- » chande publique, ou non commune, ou séparée de biens. »

De cette disposition, je conclus tout d'abord :

1° Que l'autorisation maritale s'applique à la femme mariée, à elle seule, mais à elle tant que le lien matrimonial subsiste, quels que soient les événements qui en viennent affaiblir l'énergie ;

2° Que le régime sous lequel les époux sont mariés importe peu, à notre point de vue, l'autorisation maritale ne tenant pas seulement aux intérêts matériels, mais encore à la dignité morale de chacun des époux.

Quelle que soit la procédure que la femme engage, quels que soient son rôle, son adversaire, son régime matrimonial, à quelque phase du procès qu'elle se présente, l'autorisation de son mari ou de justice lui est donc indispensable.

C'est ainsi que la femme doit être autorisée pour compa- raître en conciliation devant le juge de paix, pour demander la nullité de son mariage, pour poursuivre l'interdiction de son mari ou défendre à sa propre interdiction, pour produire à un ordre, pour interjeter appel, se pourvoir en cassation, plaider devant un tribunal de l'ordre administratif.

Cette règle est absolue, s'applique à la femme demande-resse ou défenderesse au procès, sauf en ce qui concerne les actes purement conservatoires, pour lesquels un délai serait la cause d'un dommage irréparable, sauf encore les cas expressément exceptés par les lois, comme la demande en séparation de corps. Quel mari voudrait autoriser sa femme à se séparer de lui, si les reproches de celle-ci sont fondés ? Et si le mari donnait cette autorisation, que faudrait-il penser de l'un et l'autre époux ?

Le régime matrimonial auquel les conjoints sont soumis n'a aucune influence sur la nécessité de l'autorisation. L'ar-ticle 221 de la *Coutume de Paris* en décidait autrement : « Femme ne peut ester en jugement, disait-il, sans le consen-» tement de son mari, si elle n'est autorisée et séparée par » justice, et ladite séparation exécutée. » Quelques coutumes ajoutaient même, nous apprend Pothier, une troisième excep-tion ; elle avait lieu en faveur des femmes marchandes publi-ques ; les coutumes de Dourdan et de Mantes étaient de ce nombre.

L'autorisation maritale est nécessaire devant les tribunaux civils ; il n'en est plus de même devant les juridictions répres-sives.

« ART. 216. — L'autorisation du mari n'est pas nécessaire » lorsque la femme est poursuivie en matière criminelle ou » de police. »

Si la femme est poursuivie à la requête du ministère public, il ne peut s'élever aucune difficulté et nulle autorisation n'est exigée ; le mari ne peut paralyser l'action publique. Mais qu'arrivera-t-il lorsque la poursuite s'effectuera à la requête de la partie civile ?

Il faut d'abord écarter une première hypothèse dont la solution ne saurait être douteuse. La partie civile agit en même temps que le ministère public ; faut-il une autorisation ? Non évidemment ; nous sommes dans le texte et dans les principes sur lesquels il s'appuie : « La nécessité de la » défense naturelle dispense la femme de toute formalité. »

Mais si la partie civile agit seule et par voie directe, ne doit-elle pas obtenir que la femme soit autorisée à défendre ? Et pourquoi ? Ne sommes-nous pas encore en matière criminelle, et le droit de la défense peut-il être entravé ? Donc, lorsqu'il s'agit de poursuites criminelles, et nous ne donnons pas ici à cette dernière expression sa signification technique, l'intérêt de la défense, l'intérêt de la société ou de la partie lésée l'emportent sur toutes les autres considérations, et la femme n'a plus besoin d'être autorisée.

Passons à l'article 217 : « La femme, même non commune » ou séparée de biens, ne peut donner, aliéner, hypothéquer, » acquérir à titre gratuit ou onéreux sans le concours du mari » dans l'acte ou son consentement par écrit. » La règle posée par cet article ne semble pas moins absolue que celle qui est édictée par l'article 215. L'article 217 soulève toutefois des difficultés assez complexes, lorsqu'on le rapproche des articles 1449, 1536, 1576.

Et par exemple, la femme séparée de biens peut-elle aliéner son mobilier à titre gratuit ? Si l'on interroge l'article 1449, il répond qu'elle « peut disposer de son mobilier et l'aliéner. » Cette faculté de disposition est-elle sans restriction ni limite ? Avant tout, il est à désirer qu'il n'en soit pas ainsi, aujourd'hui surtout, en présence du développement extraordinaire de la fortune mobilière. On sait que cette dernière considération n'a pas été de peu d'influence dans la décision de la Cour suprême, relativement à l'inaliénabilité de la dot mobilière, et beaucoup de personnes n'ont pas cru devoir s'en plaindre. Quelles que soient les spéculations de la théorie, les lois sont faites pour les hom mes et les affaires ; et quand on peut, sans les violer ouvertement toutefois, les plier aux nécessités sociales, on rend peut-être d'utiles services.

De nos jours et avec les habitudes de notre société contemporaine, la fortune mobilière est très répandue et fort importante. Permettre à la femme de disposer seule de son mobilier à titre gratuit, ce serait un péril. L'article 905 est absolu : « La femme mariée ne peut donner entre vifs sans » le consentement spécial ou l'assistance de son mari. » D'ailleurs, l'article 1449 lui-même n'accorde à la femme le droit de disposer de son mobilier que comme une conséquence de son droit d'administration ; or, qui donne n'administre pas, la plupart du temps, mais « consomme, disait » dans son langage égoïste le jurisconsulte romain, la plus » regrettable des aliénations. » La femme ne peut donc donner son mobilier, si ce n'est en quantité modique et conformément aux usages reçus.

Pour les immeubles, en aucun cas, la femme n'est capable de les aliéner seule ; nous avons précédemment constaté que la coutume de Normandie, moins sévère sous ce rapport, permettait à la femme séparée de biens l'aliénation des immeubles acquis depuis sa séparation. Le Code Napoléon n'a admis aucune distinction, et, pour aliéner ses immeubles, la femme a toujours besoin de l'autorisation maritale.

Cependant, à certains égards, la femme séparée de biens a des pouvoirs fort étendus ; elle a la libre administration, dit la loi, c'est-à-dire qu'elle administre avec une latitude complète et une liberté beaucoup plus considérable que celle qui est accordée au mineur. En effet, l'article 482 n'autorise le mineur qu'à faire les actes de pure administration, tandis que la femme a la *libera fortunarum suarum negotiatio*. La femme peut donc consentir tous les engagements relatifs à l'administration, tels que baux à ferme, devis et marchés pour l'entretien de ses propriétés; elle peut également poursuivre et recevoir le remboursement de ses capitaux non immobilisés, de ses rentes et créances actives; de même encore, elle a le droit de faire des placements en rentes sur l'État ou sur particuliers, d'acheter des titres au porteur, de verser des fonds dans une Société, dès lors qu'il n'en résulte pour elle aucune obligation personnelle.

Il importe de ne pas oublier un seul instant, dans toutes les questions pratiques que soulèvent ces sortes d'affaires, que la capacité de la femme a toujours pour principe et pour limite la libre administration. L'article 1449 le dit en propres termes, et c'est de ce point de départ que doivent découler toutes les conséquences qu'amène la variété des relations sociales.

Si donc, tout en respectant la bonne foi des tiers contractants, les magistrats viennent à reconnaître que l'acte accompli dépasse évidemment les limites les plus larges de l'administration, il sera de leur devoir d'en prononcer la nullité. Il est inutile d'ajouter que les circonstances de fait ont une grande influence sur toutes ces solutions, et que les juges sont investis d'un pouvoir discrétionnaire qui leur fait tenir compte des temps, des occasions offertes ou cherchées, de l'importance même de l'acte en question.

La séparation de biens, c'est-à-dire la cessation de la vie commune *quod ad torum et mensam*, relâche singulièrement le lien du mariage et influe d'une manière sensible sur les rapports des époux; nous examinons en ce moment quelques-unes de ces modifications.

On peut se demander si la femme séparée de biens peut, sans autorisation, acquérir à titre onéreux soit des meubles, soit des immeubles, placer ses capitaux en rentes viagères,

3

compromettre, si ses obligations sont exécutoires sur ses immeubles et sur ses meubles ou au moins sur ses revenus.

La femme seule a-t-elle le droit d'acquérir à titre onéreux
des meubles ou des immeubles? Qu'on interroge les articles
217 et 1449. La prohibition contenue dans le premier n'admet
aucune réserve. La femme, même séparée de biens, ne peut
acquérir sans autorisation.

L'article 1449 ne contient d'ailleurs aucune dérogation à ce
principe, puisqu'il parle seulement de la faculté d'aliéner; la
règle subsiste donc dans toute sa vigueur. Ce résultat est dur,
très dur même, et en face du pouvoir de libre administration
accordé à la femme, je me déterminerais volontiers suivant
l'essence de l'acte qui est intervenu; ce n'est peut-être pas la
solution la plus juridique ou au moins la plus simple, mais
elle est assurément la plus pratique et la plus utile. Tous les
systèmes radicaux n'achètent-ils pas au prix des plus grands
sacrifices la simplicité de leurs solutions?

La femme séparée de biens pourrait-elle acheter un usufruit,
constituer à son profit une rente viagère? A examiner atten-
tivement la nature de ces actes, on reconnaît promptement
qu'ils ont bien plutôt le caractère d'actes d'aliénation que
d'administration : l'aliénation du capital est une des conditions
essentielles du contrat de rente viagère; de là, la disposition
de l'article 1798 : « Le seul défaut de payement des arrérages
» de la rente n'autorise point celui en faveur de qui elle est
» constituée à demander le remboursement du capital, ou à
» rentrer dans le fonds par lui aliéné; il n'a que le droit de
» saisir et de faire vendre les biens de son débiteur, et de faire
» ordonner ou consentir sur le produit de la vente l'emploi
» d'une somme suffisante pour le service des arrérages. »

Les principes et l'intérêt de la femme sont d'accord avec

le texte pour interdire à l'épouse ces sortes d'opérations, qui peuvent compromettre trop souvent sa fortune et les ressources destinées à subvenir aux besoins de la famille.

Que décider pour la transaction, le compromis?

Transiger; la femme séparée de biens peut parfaitement le faire, pourvu qu'il s'agisse de choses mobilières. Pour transiger, il faut avoir la capacité de disposer des objets compris dans la transaction; or, la femme a la libre disposition de son mobilier; donc elle peut aussi transiger sur ce mobilier.

Pourrait-elle compromettre? non; car, bien que, pour faire un compromis, il soit nécessaire et suffisant d'avoir la libre disposition des objets qui forment la matière du compromis, cet acte, qui est un acte judiciaire d'un genre à part, sans doute, mais qui n'en est pas moins un acte judiciaire, excède les bornes d'une sage et prévoyante administration. Transiger, c'est quelquefois administrer; on n'administre pas quand on fait un compromis.

Toute obligation contractée par la femme, dans les cas précédents, peut être exécutée sur ses biens meubles et immeubles. Qui veut la fin, veut les moyens; permettre à la femme de s'obliger, puis arrêter le créancier qui exécute sa débitrice sur ses immeubles, c'est en réalité retirer à la femme le pouvoir qu'on lui a conféré.

À quoi servirait alors ce simulacre de liberté, et pourquoi ne pas appliquer à la femme le vieil adage : *Qui s'oblige, oblige le sien?*

Mais lorsqu'on sort des règles ordinaires, lorsque le créancier réclame et désire obtenir une garantie réelle, la femme ne peut-elle seule consentir une hypothèque pour sûreté de son administration? En droit romain, le jurisconsulte répondait avec beaucoup de raison que la défense était prononcée, *hoc ideo quia facilius mulier obligatur, quam donat.* Les mêmes principes et les mêmes raisons existent encore aujourd'hui. C'est ce qui me ferait penser également que la femme obligée pour une cause étrangère à l'administration de ses biens, ne saurait être poursuivie ni sur ses ressources ni sur son mobilier.

Il faut donc dire, en résumé, que la femme, même séparée de biens, ne peut sans autorisation contracter aucun engagement ne se rapportant pas à l'administration de sa fortune.

Le principe de l'autorisation maritale ne régit pas seulement les obligations conventionnelles; il s'applique encore aux quasi-contrats, mais avec des distinctions assez délicates et qui, dans la pratique, soulèvent de grandes difficultés. L'autorisation n'est pas nécessaire, quand l'engagement dérive de la loi. Qui se défierait de sa protection en pareil cas? Il en est de même lorsque c'est un tiers qui a engagé la femme par un quasi-contrat. La même solution devrait enfin être accueillie lorsque l'obligation a pour cause un fait personnel de la femme, tel qu'un délit ou un quasi-délit. On suppose et il faut bien supposer qu'alors le mari ne pourra jamais autoriser la femme; elle est donc obligée sans le concours de son époux. La nécessité de l'autorisation serait immorale et antisociale.

Mais il y a certains actes de la vie civile qui sont tellement personnels, que la loi a permis à la femme de les accomplir seule. Parmi ces actes, se placent au premier rang le testament et la reconnaissance d'un enfant naturel; le testament, est-il rien de plus spontané, de plus spécial à la personne? Loi suprême de la succession du testateur, il ne saurait être, de près ou de loin, soumis au contrôle d'un étranger; *non debet alieno arbitrio pendere.*

D'ailleurs, qu'est-ce que le testament et quand recevra-t-il son exécution? C'est l'acte le plus révocable qu'on puisse imaginer. La loi romaine n'a-t-elle pas dit : « *Ambulatoria est* » *voluntas hominis usque ad supremum vitæ exitum?* » Et puis si le testament présente les caractères qui viennent de lui être reconnus, c'est une loi qu'on observe lorsqu'il n'y a plus de mariage. Ainsi, à tous égards, la femme mariée peut tester sans y être autorisée (art. 226), et, comme le dit Coquille, « bien rudes étaient les coutumes qui avaient admis une juris- » prudence contraire. »

Si la femme a le droit de faire un testament, elle peut aussi le révoquer seule et sans autorisation. Elle aurait la même liberté à l'égard d'une donation entre vifs qu'elle aurait faite à son mari durant le mariage (art. 1096).

La Cour de Caen a jugé, dans le même sens, que la femme seule peut valablement révoquer un mandat, pourvu que cette révocation ne contienne de sa part aucune aliénation, aucune charge à son profit.

La femme peut encore reconnaître, sans le concours du mari, un enfant naturel ; c'est une conséquence nécessaire de l'article 337 ; cette reconnaissance n'est-elle pas une dette de la mère, un devoir que les convenances et la dignité de chacun de nous rendent éminemment personnel, et pour lequel l'autorisation du mari offrirait souvent des difficultés insurmontables et l'autorisation de justice des aveux inutilement dangereux ?

Qui donnera l'autorisation? L'article 218 répond : « Si le » mari refuse d'autoriser sa femme à ester en jugement, le » juge peut donner l'autorisation. »

Ainsi, l'autorisation de l'époux se présente en première ligne : c'est la règle ; ce n'est qu'à défaut de celle-ci qu'interviendra l'autorisation de justice ; cette dernière n'est que l'exception.

L'esprit formaliste de nos coutumes avait fait une distinction, aujourd'hui abolie. Le mari assistait-il sa femme devant les tribunaux, sa présence suppléait l'autorisation ; s'agissait-il d'un contrat, le droit coutumier était bien plus sévère ; il exigeait que le mari autorisât explicitement et expressément sa femme, que le contrat portât et contînt spécifiquement le mot : *autoriser*. Toute autre expression, sauf peut-être *habiliter*, était incomplète ou insuffisante. Le mari eût-il parlé à l'acte, se fût-il même solidairement engagé avec sa femme, l'autorisation n'existait pas encore.

Ces différences subtiles sont déclarées aujourd'hui inadmissibles. L'autorisation du mari n'est plus donnée et ne doit plus l'être en termes sacramentels. Pourvu qu'elle soit la manifestation certaine et incontestable de sa volonté, qu'importe la manière dont cette autorisation interviendra?

L'autorisation du mari est explicite ou implicite : elle est explicite, lorsque l'époux l'accorde expressément; implicite, quand elle résulte de sa conduite personnelle.

L'autorisation expresse peut-elle être verbale? L'autorisation tacite peut-elle résulter de toute autre circonstance que du concours du mari dans l'acte?

Sur la première question, je réponds négativement; la gravité des intérêts engagés demande qu'il en soit ainsi. D'ailleurs, l'article 217 le dit formellement, et c'est un texte spécial, fait pour une matière particulière. L'autorisation doit donc être donnée par acte écrit, et quand il en est autrement, l'action concédée à la femme ne peut lui être enlevée, même par la ratification postérieure du mari ou par son refus de serment, si le serment lui a été déféré. Mais quel que soit l'acte écrit, du moment qu'il en existe un, la loi est observée et la femme, aussi bien que les tiers qui contractent avec elle, ont toutes les garanties désirables. L'autorisation n'est pas exigée *ad solemnitatem*; elle n'est pas une condition essentielle de la validité de l'acte; elle ne constitue pas un mandat qui s'incorpore à l'acte pour le vivifier; elle n'est, à vrai dire, qu'une condition de capacité personnelle, tout à fait extrinsèque et étrangère à la forme des engagements pour lesquels elle est accordée.

Aussi n'est-il nullement requis, aujourd'hui, que l'autorisation maritale soit énoncée et rappelée dans l'acte. Nos vieux auteurs l'exigeaient; c'était une conséquence naturelle de leur système. N'avaient-ils pas solemnisé l'autorisation? Il n'en est plus rien aujourd'hui. L'autorisation du mari est toujours restée nécessaire. La preuve en devra être fournie; mais, quand le tiers aura fait cette preuve, il importera peu que l'acte par lui passé avec la femme en contienne ou n'en contienne pas de trace. Qu'il soit prudent pour lui de se conserver, en forme authentique, un témoignage de l'autorisation, c'est incontestable; mais ce ne sera jamais qu'une mesure de sage prévoyance.

L'autorisation tacite résulte du concours du mari dans l'acte; comment pourrait-il en être autrement? Le mari assiste au contrat, c'est donc qu'il l'autorise; car apparemment, il n'est pas un spectateur indifférent à ce que sa femme fait devant lui. Il y a là, du reste, une pure question de fait, dont les magistrats sont les appréciateurs souverains. Ainsi, il est bien évident que la présence du mandataire du mari ne saurait, dans toutes circonstances, remplacer celle du mari et tenir lieu d'autorisation. Il faudra même se montrer assez difficile sur ce chef, l'autorisation qui émane du mari offrant bien plus de garanties que celle qu'il pourrait donner par un fondé de pouvoirs.

Toutefois, certains actes emporteront par eux-mêmes et nécessairement l'autorisation : par exemple, le mari tire une lettre de change sur sa femme; il l'autorise par là même à payer; il intente une action contre elle, elle est autorisée à y défendre; il agit avec elle, dans la même instance, conclut par le même avoué; l'autorisation est encore incontestable.

Pourrait-on cependant faire résulter l'autorisation d'autres faits que du concours de l'époux dans l'acte ou dans l'instance?

Ainsi, sa conduite personnelle, son silence n'équivaudraient-ils pas quelquefois à une ratification? La femme qui fait le commerce au vu et su de son mari, n'est-elle pas, par cela même, directement quoique implicitement autorisée? Oui, mais l'article 4 du Code de commerce édicte une règle spéciale, qui se justifie à cause de l'immense publicité que présentent les affaires commerciales; mais, en dehors de ces dispositions de faveur, on rentre dans le droit strict et rigoureux: concours du mari dans l'acte, ou consentement par écrit, voilà ce que la loi réclame formellement.

La femme ne peut exercer une profession commerciale sans le consentement de son mari; mais il ne lui suffit pas de faire quelques actes de commerce pour être considérée comme commerçante. « Elle n'est pas réputée marchande » publique, dit l'article 5 du Code de commerce, si elle ne » fait que détailler les marchandises du commerce de son mari; mais seulement quand elle fait un commerce séparé. »

C'est qu'en effet, si le mari est lui-même commerçant, la femme qui participe à son commerce, qui travaille dans ses magasins, n'a point un rôle principal; elle n'agit jamais qu'en qualité de mandataire de son époux; aussi la faillite de celui-ci n'entraîne-t-elle pas celle de la femme; et même, marchande publique avant le mariage, elle peut cesser de l'être en épousant un mari commerçant.

Pour que la femme mariée soit commerçante aux yeux de la loi, il faut qu'elle fasse un commerce séparé de celui de son mari. Que doit-on entendre par commerce séparé? Faut-il comprendre, comme on le voulait autrefois, un commerce autre que celui du mari? « Elle est réputée marchande pu-» blique quand elle fait marchandise séparée et autre que » celle du mari. » Telle était la disposition de l'article 235 de la *Coutume de Paris.*

Ni le Code Napoléon ni le Code de commerce n'ont reproduit ce principe; maintenant donc, il suffit que la femme et le mari exercent chacun un commerce où leurs intérêts soient essentiellement distincts, quelle que soit l'analogie, l'identité même des opérations commerciales accomplies.

Mais, bien que la femme suive la nationalité et la *condition* de son mari, ce serait exagérer la portée de la loi que de faire de la femme qui, commerçante, épouse un négociant, une marchande en toute occurrence, puisque ce titre n'est conféré qu'à la femme qui fait un commerce séparé et distinct de celui de son époux.

J'ai déjà examiné le principe, les conditions, la nécessité de l'autorisation maritale; mais quel doit être le caractère de cette autorisation? Faut-il qu'elle soit générale ou spéciale?

« ART. 223 : Toute autorisation générale, même stipulée » par contrat de mariage, n'est valable que quant à l'admi-» nistration des biens de la femme. » L'article 1538, corroborant l'article précité, dit également : « Toute autorisation » générale d'aliéner les immeubles, donnée à la femme soit » par contrat de mariage, soit depuis, est nulle. » L'ancienne jurisprudence agita, sur ce point, de bien graves problèmes, et les difficultés les plus ardues vinrent obscurcir un sujet, déjà complexe par lui-même et parsemé de détails fort délicats. On distinguait entre les autorisations accordées avant le mariage et celles qui n'avaient été données que depuis. Le

Code Napoléon exige maintenant une autorisation spéciale, et cela sans aucune distinction.

Mais dans quel cas ce principe peut-il recevoir son application ?

Le mari a donné à sa femme l'autorisation la plus vaste, la plus générale d'emprunter, d'aliéner, d'hypothéquer les biens de la communauté ou ses biens personnels, à lui mari. Cette autorisation est-elle valable ? et les obligations, hypothèques ou aliénations consenties par la femme en vertu d'une telle autorisation devront-elles être maintenues ?

L'affirmative me paraît certaine, et il suffit, pour le démontrer, de rétablir l'exactitude des mots. On ne peut pas dire, dans cette hypothèse, que le mari ait autorisé sa femme ; ce n'est point là une autorisation, ce n'est qu'un mandat ordinaire et une procuration comme une autre. Or, d'une part, le mari peut donner un mandat à sa femme et placer sa confiance en elle ; d'autre part, un mandat conçu dans les termes ci-dessus est recevable, puisqu'il est spécial et exprès, aux termes des articles 1987 et 1988. Donc les actes passés par la femme, en vertu de cette procuration, sont valables. Je dis qu'il n'y a point alors, qu'il ne peut y avoir d'autorisation. Quand est-ce, en effet, que le mari peut autoriser sa femme ? C'est lorsque celle-ci agit en son propre nom et traite sur ses biens personnels. Il en est tout autrement dans l'exemple qui vient d'être cité.

Il est facile, d'après cela, de saisir la différence saillante qui existe entre l'autorisation maritale et le mandat, différence qui n'est point une subtilité, mais une conséquence même de l'essence juridique des actes qui interviennent de la part de la femme devenue véritablement le mandataire de son époux.

Quand donc y aura-t-il lieu d'appliquer l'article 223? C'est quand il s'agira d'aliénations, d'engagements ou enfin de tout autre acte qu'un acte d'administration relatif aux biens personnels de la femme. Mais alors quelle est la mesure de la spécialité de l'autorisation? Supposons que le mari donne à la femme le pouvoir d'aliéner, à telle époque et de telle manière qu'elle jugera convenable, certains immeubles déterminés, cette autorisation est-elle valable?

Remontons aux origines de l'article 223. Si nous consultons Lebrun, Pothier, d'Aguesseau, nous les trouvons d'accord sur ce point, que « les autorisations doivent être spéciales en chaque affaire et en chaque contrat. »

Telle était l'ancienne jurisprudence; il ne paraît pas que le Code ait voulu y rien changer. L'autorisation doit être expresse et restreinte, dans toute la rigueur du terme, à l'acte même et à l'acte seul qui va s'accomplir. La loi était même si exigeante à cet égard, qu'au dire de Lebrun, « le mari devait déclarer qu'il autorisait sa femme, non-seulement pour le présent contrat, mais encore pour la procuration à lui donnée par elle pour le faire en son nom; autrement la procuration étant nulle faute d'autorisation, le contrat fait en vertu de cette procuration ne pouvait se soutenir. »

Un arrêt de notoriété du Châtelet de Paris résume parfaitement la doctrine de l'ancien droit :

« Nous attestons que l'article 223 de la *Coutume de Paris*
» s'observe exactement et à la lettre, sans aucune restriction,
» de manière que toute femme mariée ne peut vendre, aliéner
» ni hypothéquer ses immeubles sans l'autorisation expresse
» de son mari; que tous les actes faits sans une autorisation
» expresse sont nuls et que, par conséquent, toutes les auto-
» risations générales par des procurations, par contrats de

» mariage ou autres actes, ne peuvent jamais suppléer ce que
» la coutume demande. »

Mais quel est le résultat de l'autorisation qui n'intervient
qu'après l'acte? Pothier répond par deux propositions que je
crois vraies encore aujourd'hui : « Si, avant l'autorisation,
» l'une ou l'autre des parties était morte, avait perdu l'usage
» de la raison ou avait déclaré un changement de volonté,
» l'autorisation postérieure du mari ne pourrait plus rétablir
» l'acte. » Par la même raison, l'acte revivifié par l'autorisation survenue depuis ne peut produire d'hypothèque que
du jour de l'autorisation, parce qu'il n'est valable que de ce
jour.

L'autorisation de la justice est destinée à suppléer l'autorisation maritale lorsque, pour un motif quelconque, le mari
est dans l'impossibilité d'autoriser sa femme. Le mari, suivant un philosophe moderne, n'est que le délégué de la loi
dans l'usage du pouvoir dont elle l'a revêtu. La puissance
publique, qui absorbe tous les pouvoirs particuliers peut, à
plus forte raison, les suppléer. L'époux refuse-t-il l'autorisation, si la femme estime son refus injuste, elle peut s'a-
dresser à la justice pour le vaincre et le juge prononce. Il ne
faut pas que le mari abuse de son autorité pour paralyser
l'exercice de droits légitimes : est-il absent, présumé absent
ou simplement non présent, la femme aura recours à la
justice, qui l'autorisera, puisque le mari est dans l'impossibilité physique de le faire. Il n'y a pas alors, à proprement
parler, incapacité civile du mari.

C'est l'article 221 qui prévoit cette hypothèse : « Lorsque
» le mari est frappé d'une condamnation emportant peine
» afflictive ou infamante, encore qu'elle n'ait été prononcée
» que par contumace, la femme, même majeure, ne peut,
» pendant la durée de la peine, ester en jugement ni con-

» tracter qu'après s'être fait autoriser par le juge, qui peut,
» en ce cas, donner l'autorisation sans que le mari ait été
» entendu ou appelé. »

Les expressions de l'article 221 : *pendant la durée de la
peine*, ont soulevé une difficulté : la dégradation civique rend-
elle le mari incapable d'autoriser sa femme? Le mari, frappé
d'une condamnation à une peine afflictive et infamante, est
sous le coup de cette incapacité ; or la dégradation civique
est une peine infamante ; comment pourrait-on douter encore?

Le doute vient de ce que l'incapacité prononcée par notre
article est temporaire, tandis que la dégradation civique est
perpétuelle. D'un autre côté, toutes les peines afflictives et
infamantes emportent la dégradation civique ; donc, finalement, l'incapacité édictée par l'article 221 serait toujours
aussi perpétuelle. Quelques auteurs l'ont pensé, entre autres
Delvincourt qui, regardant comme inutiles les expressions
que nous venons de rappeler, enseigne que le mari ne pourra
plus autoriser sa femme, à quelque époque que ce soit. Mais
il est trop facile de s'accommoder ainsi avec la loi, en retran-
chant une partie de son texte ; *non de legibus sed secundum
leges dijudicandum est.* Quel est donc le moyen de sortir
d'embarras?

C'est évidemment de dire que l'article 221 ne s'applique
point à la dégradation civique ; mais on nous accusera de
restreindre à notre tour la généralité des termes de la loi. Ce
qu'il peut y avoir d'équivoque dans la première partie de cet
article, et c'est là notre réponse, doit s'interpréter par ces
mots, qui apparemment ont une importance et une valeur :
pendant la durée de la peine. On peut ajouter que l'article 34
du Code pénal ne met pas cette espèce d'incapacité au nombre
de celles que produit la dégradation civique ; tout annonce
dès lors qu'elle est simplement un effet de l'interdiction légale,

que l'article 29 du Code pénal ne prononce aussi contre les condamnés à certaines peines que pendant la durée de ces peines.

Il nous paraît hors de doute que l'article 221 s'applique au bannissement, d'autant plus que cette peine suppose toujours nécessairement l'éloignement du mari, encore bien que le banni conserve le droit de consentir au mariage de ses enfants au moins quelquefois, puisque aucun texte ne se rencontre qui l'en déclare toujours et nécessairement privé.

Le condamné est-il contumace, il faut considérer qu'il est incapable d'autoriser sa femme pendant tout le temps que dure sa contumace, c'est-à-dire tant que sa peine n'est pas prescrite. (Art. 635, Code d'inst. crim.)

« Article 224 : Si le mari est mineur, l'autorisation du juge » est nécessaire à la femme, soit pour ester en jugement, soit » pour contracter. »

Il en était autrement dans l'ancien droit; le mari, même mineur, c'est-à-dire incapable, pouvait autoriser sa femme. Que faut-il conclure de cette différence adoptée par le Code Napoléon? C'est que le législateur moderne a de plus en plus rejeté ou au moins mis à l'écart le principe sur lequel reposait autrefois la nécessité de l'autorisation maritale. Il ne s'agit plus aujourd'hui d'une stérile marque d'obéissance envers le mari, de ce témoignage que nos pères étaient jaloux de recevoir; avant tout, c'est l'utilité, c'est l'intérêt des époux que le Code Napoléon a eu en vue; et comme le mari mineur est impuissant à guider avec tout le discernement nécessaire sa femme dans un procès ou dans l'exécution de tout autre acte important, celle-ci doit s'adresser à la justice; c'est une garantie que la loi ménage aux deux époux.

Il est bien évident que, pour tous les actes qu'il a le droit de faire lui-même sans l'assistance de son curateur, le mari mineur pourrait autoriser; mais on ne voit guère l'objet de cette autorisation, la femme n'en ayant pas besoin, d'ordinaire au moins, dans ces limites étroites. L'interdiction du mari est, bien entendu, comparable sous ce rapport à la minorité : *ubi eadem ratio, ibi idem jus.*

Le mari, quoique non interdit, sera le plus souvent incapable d'autoriser sa femme, s'il est placé dans un établissement d'aliénés, aux termes de la loi du 30 juin 1838. Toutefois il ne faudrait pas assimiler complètement l'interdit et l'aliéné ; il y a entre la condition de ces deux individus des différences importantes ; aucune présomption d'incapacité n'est édictée contre celui qui est détenu dans une maison d'aliénés, et rien de ce qui est contenu dans l'article 502, quel que soit le système qu'on admette, n'est applicable aux aliénés.

Le mari non interdit mais pourvu d'un conseil judiciaire, peut-il autoriser sa femme? Trois systèmes se sont produits : c'est, suivant un premier système, le mari seul qui doit accorder l'autorisation; un second système enseigne que le mari peut autoriser sa femme, mais en se faisant assister par son conseil. Enfin, d'après une troisième opinion, la justice seule serait toujours compétente pour donner l'autorisation. C'est à ce dernier système que nous croyons devoir nous rallier.

Sans doute le texte de l'article 222 est d'une interprétation délicate; mais ce n'est pas la seule fois que nous ayons à regretter que la loi, décrétant une incapacité dont la raison exige l'application à l'individu pourvu d'un conseil judiciaire aussi bien qu'à l'interdit, ne se serve que du mot interdit. C'est ainsi que l'article 432 déclare que les interdits ne peuvent être tuteurs et membres des conseils de famille, et la même question s'élèvera alors pour savoir si cette expression doit aussi s'étendre à celui auquel il a été nommé un conseil judiciaire. Le mot interdit, dans une hypothèse très voisine à la nôtre, a donc reçu cette acception étendue, et précisément de la part des auteurs qui voudraient ici la restreindre. C'est ainsi que M. Duranton professe que, dans le cas de l'article 442, on doit assimiler aux interdits ceux qui, pour faiblesse d'esprit, ont été placés sous l'assistance d'un conseil judiciaire, dans le cas prévu par l'article 249 ; et, à l'égard des prodigues, qu'ils sont exclus de la tutelle et destituables, en vertu de l'article 444, pour cause d'inconduite notoire. Or, si en vertu de l'article 442, qui ne parle que des interdits, on écarte de la tutelle l'individu pourvu d'un conseil judiciaire, pourquoi, en vertu de l'article 222, ne pas déclarer aussi incapable d'autoriser sa femme le mari auquel un conseil aurait été nommé ? Il ne faut pas sans doute comparer l'interdiction à la nomination d'un conseil judiciaire ; ces deux incapacités sont fort différentes, fort inégales. Mais ne serait-il pas vrai aussi que, dans certains cas, la loi aurait entendu comprendre sous le nom d'interdit l'individu pourvu d'un conseil judiciaire ? Cette interprétation est admissible, lorsque d'ailleurs elle est raisonnable et presque nécessaire, lorsqu'elle est conforme à l'ancien droit, lorsque enfin elle se trouve en harmonie avec les autres dispositions du Code. Or tous ces motifs subsistent ici. Et d'abord cette interprétation est éminemment raisonnable, de l'aveu même des partisans des opinions contraires, puisqu'ils conviennent qu'un incapable ne peut pas habiliter un autre incapable ; elle est conforme aux traditions de l'ancien droit ; car, la question s'étant présentée, en 1755, de savoir si le mari interdit, mais seulement pour cause de prodigalité, avait pu valablement habiliter sa femme en vertu de l'autorisation à lui donnée par son curateur, les juges ne firent aucune difficulté pour trancher la question de droit, et l'autorisation eût été annulée sans des circonstances particulières. Enfin cette interprétation est d'accord avec la théorie générale du Code, d'après laquelle il y a lieu à l'autorisation de la justice quand la femme ne peut être autorisée par son mari. Est-ce que le mari mineur peut autoriser sa femme, soit seul, soit même avec l'assistance de son curateur? Non, c'est la justice qui l'autorise; or la position est presque absolument la même. Cette situation présente beaucoup d'analogie avec l'émancipation; donc il doit y avoir lieu, dans les deux cas, à l'autorisation de la justice. Autrement, pourquoi n'eût-on pas dit que le tuteur du mari interdit autoriserait la femme de l'interdit? Cela eût été logique si le conseil judiciaire avait eu qualité pour autoriser conjointement avec le mari la femme de celui-ci. Le Code Napoléon n'a point voulu d'intermédiaire entre la femme et le mari; le mari n'autorise pas, ne peut autoriser. Eh bien! alors il faut s'adresser à la justice.

L'interdiction, la minorité de la femme n'ont-elles aucune influence sur l'autorisation maritale? La loi ne s'en est pas expliquée; mais supposons que la femme ait pour tuteur un tiers autre que le mari, comment régler cette hypothèse?

Les actes que la femme elle-même aurait pu faire seule, avant son interdiction, le tuteur pourra aussi les accomplir seul, comme mandataire légal de la femme. Quant aux autres actes, on pourrait souhaiter que le tuteur fût astreint à se faire-autoriser par le mari, comme si c'était la femme elle-même qui agissait. On n'écarterait pas ainsi complètement l'époux de l'administration de sa fortune. La solution contraire a prévalu cependant en jurisprudence.

Supposons enfin la femme mineure; si le mari est majeur,

4

curateur-né de sa femme, il l'assiste et l'autorise. Si le mari est mineur, on nomme à la femme un curateur *ad hoc* pour chaque affaire, et non point un curateur en quelque sorte permanent. Ici encore il ne doit point exister d'intermédiaire entre la femme et le mari.

Sur cette matière si délicate et si pratique de l'autorisation maritale, j'examinerai deux autres hypothèses du plus haut intérêt :

1° La femme s'oblige envers un tiers, mais dans l'intérêt du mari;

2° La femme contracte directement avec son époux lui-même.

Dans ces deux cas, que deviendra la nécessité de l'autorisation ?

La femme et le mari s'engagent envers un tiers ; la femme pourrait-elle le faire sans l'autorisation de la justice? A l'origine, on en avait douté, se fondant sur cette maxime : *Nemo potest esse auctor in rem suam,* et aussi sur les dangers qui étaient à craindre naturellement en pareilles circonstances. Mais on est revenu de ces scrupules; on a compris que la généralité des termes de l'article 217 ne permettait pas une restriction, désirable peut-être à certains égards, mais enfin tout à fait arbitraire. Pour contracter, il faut à la femme mariée le concours du mari dans l'acte ou son consentement par écrit. Voilà ce qui est nécessaire, mais rien de plus n'est exigé, et c'est ajouter au texte que de vouloir obliger la femme qui contracte avec un tiers dans l'intérêt de son mari à se faire autoriser par la justice. Si l'on oppose l'article 1427, la Cour de cassation se charge de répondre. Et elle répondait en effet très justement, le 8 novembre 1814, que « pour déterminer le véritable sens de l'article 1427, il faut le confronter avec celui qui précède immédiatement ; qu'il résulte de l'article 1426, que la femme non marchande publique ne peut engager les biens de la communauté lorsqu'elle ne s'oblige qu'avec l'autorisation de la justice ; que l'objet de l'article suivant est d'établir, par exception à cette règle, qu'avec la seule autorisation de la justice, la femme peut valablement engager les biens de la communauté lorsqu'il s'agit de tirer son mari de prison, d'assurer une position aux enfants pendant l'absence du mari ; que l'article 1427 n'ayant d'autre portée, ainsi qu'il résulte de son texte sainement entendu et de la discussion à laquelle il a donné lieu au Tribunal, il n'est aucun prétexte d'en conclure qu'il déroge au principe général posé dans les articles 217, 219, 222, principe qui a existé de tout temps, et qui est une conséquence inhérente à l'autorité maritale. »

D'où la conséquence que la femme qui consent la cession ou la restriction de son hypothèque légale au profit d'un tiers, n'est point tenue de se conformer aux dispositions de l'article 214 du Code Napoléon, lequel est seulement applicable au cas où la restriction est demandée par le mari.

Mais que décider quand le contrat intervient entre le mari et la femme seuls ?

Cette question en suppose nécessairement une autre avec laquelle elle est intimement liée ; les contrats entre époux sont-ils permis ? quand, comment, dans quelle mesure ?

Sans entrer dans le détail des dissertations historiques et juridiques pleines du plus haut intérêt, auxquelles les auteurs se sont livrés à ce sujet, je me bornerai à énoncer les résultats reçus aujourd'hui, et dérivant fatalement d'une discussion approfondie des principes qui régissent cette matière. Les contrats entre époux sont permis, mais ils ne doivent point constituer une vente, sauf les trois exceptions formulées dans

l'article 1808. Ils ne doivent pas d'ailleurs apporter de modifi-
fication aux conventions matrimoniales qui, de leur nature,
sont irrévocables et définitives dès que le mariage a été célé-
bré. Il est nécessaire enfin que le contrat ne constitue pas
une donation qu'on ait voulu mettre à l'abri de toute révocation durant le mariage, en lui donnant la forme mensongère
d'un contrat à titre onéreux. Dans ces conditions, le mari et
la femme peuvent contracter ensemble, sans qu'il faille à
celle-ci aucune autorisation de la justice. En effet, le principe
est toujours que la femme ne peut s'obliger sans son mari ;
mais, avec son concours, elle peut valablement s'engager,
même envers lui.

L'autorisation de la justice, quand elle est donnée, a en
général le même effet que celle qui émane du mari. Quelquefois pourtant, la justice ne peut habiliter la femme pour certains actes, à défaut du mari. Tel est le cas de l'article 1029 :
« La femme mariée ne pourra accepter l'exécution testamentaire qu'avec le consentement de son mari ; si elle est séparée
de biens, soit par contrat, soit par jugement, elle le pourra
avec le consentement de son mari, ou, à son refus, autorisée
par la justice. »

Ainsi donc, la femme qui n'est pas séparée de biens ne peut
être exécuteur testamentaire qu'avec l'autorisation de son
époux ; la raison en est que le mandat conféré à l'exécuteur
testamentaire entraîne contre lui une responsabilité souvent
fort considérable, et à laquelle la femme ne peut pas, ne doit
pas inconsidérément se soumettre. Si elle n'a pas de biens dont
elle ait la jouissance, les héritiers et les légataires ne pourront l'atteindre que sur la nue propriété. La loi a justement
considéré que cette garantie est insuffisante ; il faut donc le
consentement du mari, afin que les obligations qui résulte-

ront pour la femme des fonctions par elle acceptées puissent être acquittées sur les revenus.

En matière commerciale, l'opinion qui semble aujourd'hui la plus accréditée, c'est que la justice ne peut autoriser la femme à faire le commerce ; au mari seul appartient ce droit, de même qu'il y a nécessité pour la femme mineure de se conformer à l'article 2 du Code de commerce si elle veut être marchande publique, la seule autorisation de son époux ne lui étant pas alors suffisante.

La procédure de la demande en autorisation, d'abord indiquée par l'article 219 du Code Napoléon, a été réglée par les articles 861 et suivants du Code de 1807. Elle est tout exceptionnelle, a lieu tout entière dans la chambre du conseil, *sine strepitu judicii*. N'est-il pas toujours regrettable, en effet, de voir se combattre, se quereller le plus souvent, deux personnes qui devraient être, à tant de titres, si étroitement unies ?

B

EFFETS DE L'AUTORISATION DU MARI OU DE JUSTICE.

Quel est l'effet de l'autorisation accordée à la femme? Pour répondre à cette question, il suffit de rechercher quelle est la cause qui nécessite l'autorisation ; cette cause, c'est le mariage. La femme autorisée voit donc supprimée en sa faveur l'incapacité qui résultait pour elle de son titre d'épouse; elle redevient aussi capable qu'avant son union, et l'on sait qu'en principe la capacité civile n'est point refusée aux femmes par le législateur moderne. Toutefois, la femme mariée ayant besoin, pour agir, d'une autorisation, et cette autorisation devant être spéciale, il en résulte qu'elle doit se renfermer exactement dans l'acte pour lequel elle a été autorisée. Ainsi a-t-elle reçu le pouvoir d'ester en jugement, elle ne peut, en vertu de cette première autorisation, ni transiger, ni acquiescer, ni se désister, ni déférer, ni accepter le serment litis-décisoire, car il y a dans tous ces errements un abandon, une aliénation possible, probable même, et si la femme est autorisée à plaider, elle ne l'est pas à aliéner; elle a été habilitée pour le combat et non pour la fuite. Mais, autorisée à ester en jugement, elle peut suivre tous les degrés de juridiction ordinaire; elle peut appeler et se pourvoir en cassation. L'appel et le pourvoi lui-même, bien qu'il ne soit pas un troisième degré de juridiction, ne sont que des moyens de défense; et puisque le mari a confié à la femme le soin de faire valoir un droit, on doit supposer qu'il a mis à sa disposition toutes les mesures qui peuvent le faire triompher.

Si la femme a été autorisée à faire le commerce, quels actes aura-t-elle le droit de faire seule, en vertu de cette autorisation? La réponse est bien simple : elle sera capable pour tous les actes qui concernent son négoce ; quant à tous les autres actes, elle restera sous l'empire du droit commun, c'est-à-dire frappée d'incapacité. Cette solution, conforme aux principes, est consacrée par les textes du Code Napoléon et du Code de commerce : « La femme, disent les articles 220, C. Nap., et » 5, C. comm., si elle est marchande publique, peut, sans l'au- » torisation de son mari, s'obliger pour ce qui concerne son » commerce. » La femme commerçante a donc le droit de faire seule les ventes et achats de marchandises, de toucher ses créances, d'acheter les ustensiles nécessaires à l'exercice de sa profession, de tirer ou d'accepter des lettres de change. Il était impossible d'exiger pour chacun de ces actes si multipliés, dont la réunion constitue le commerce, une autorisation nouvelle et spéciale. La bonne foi et la célérité, qui sont l'âme des transactions commerciales, ne le permettaient pas. Toutefois, il est certain que, pour ester en justice, le consentement actuel du mari est toujours nécessaire à la femme commerçante, même quand il s'agit de procès relatifs à son négoce.

Si l'autorisation est limitée à un certain genre de commerce, la femme n'est capable que pour les actes qui concernent ce commerce déterminé.

Nous croyons également qu'elle ne peut, sans sortir des bornes du consentement primitif, contracter une société avec un tiers. Les prévisions du mari qui permet à sa femme d'être marchande publique, ont bien dû embrasser tous les actes personnels de son épouse que peut nécessiter l'exercice du négoce ; mais elles n'ont pas dû s'étendre à un contrat qui aurait pour résultat de la rendre responsable des opérations d'autrui. Ne serait-il pas d'ailleurs contraire à toutes les convenances que la femme pût, à l'insu et sans l'aveu de son mari, former avec qui elle voudrait une de ces associations qui, par suite de la communauté d'intérêts qu'elles font naître, entraînent des rapports journaliers et produisent toujours un certain degré d'intimité?

La femme marchande publique a non-seulement le droit de contracter, sans autorisation, des obligations personnelles, mais encore d'engager, d'hypothéquer et même d'aliéner ses immeubles (art. 7, C. comm.). Mais cette capacité exceptionnelle n'existe qu'autant que l'hypothèque et l'aliénation ont lieu pour causes relatives au commerce. Cette restriction, qui paraît d'abord peu en harmonie avec la généralité des termes de l'article 7, se déduit évidemment de la combinaison de ce texte avec l'article 5 dont il est le développement et le corollaire. En effet, si la femme ne peut, aux termes de l'article 5, s'obliger que pour ce qui concerne son négoce, à *fortiori*, il est clair qu'on n'a pas dû lui permettre, pour des motifs étrangers à son commerce, de consentir une aliénation ou une hypothèque.

Mais quand les obligations, les aliénations ou les hypothèques consenties par la femme seront-elles réputées relatives à son négoce? Incombera-t-il aux tiers de prouver que tel acte dont ils poursuivent l'exécution, et dont la nature propre n'indique pas suffisamment l'objet et le caractère, a été fait dans l'intérêt du commerce de la femme, ou bien sera-ce à elle d'établir que cet acte a été accompli dans un autre but?

La question est vivement controversée. Une première opinion soutient que l'incapacité de la femme, même commerçante, est le droit commun; que son adversaire, en prétendant qu'elle a été capable de faire tel ou tel acte, invoque une exception, et que, par conséquent, c'est à lui a en faire la preuve.

D'autres auteurs distinguent entre les billets sous seing privé souscrits par la femme et les aliénations ou les emprunts consentis par acte notarié. Aux termes de l'article 638 du Code de commerce, « les billets souscrits par un commer- » çant seront censés faits pour son commerce. » Or, dit-on, la femme est commerçante; donc le billet qu'elle a souscrit est réputé relatif à son négoce. La présomption de la loi est absolue et elle s'applique à tous les commerçants, quelle que soit du reste leur capacité; car elle est fondée sur la nature même des choses et sur l'observation des faits journaliers. En vain objectera-t-on que l'article 638 a eu uniquement pour mobile de décider si l'obligation constatée par le billet doit être considérée comme civile ou commerciale, et que, dans la question qui nous occupe, il s'agit, non pas de la nature, mais de la validité même de cette obligation. — En effet, la validité du billet est la conséquence directe et immédiate de sa commercialité; et si l'article 638 doit nécessairement faire présumer que le billet est commercial, il est impossible qu'il ne fasse pas présumer en même temps la validité.

Mais, ajoutent les partisans de cette théorie, la même présomption ne peut s'appliquer aux actes passés devant notaire. Là on est à la fois en dehors du texte de l'article 638 et en dehors des motifs qui l'ont inspiré; donc de tels actes seront toujours réputés faits pour une cause civile, sauf la preuve contraire qui sera réservée aux tiers.

Nous n'adoptons pas la distinction sur laquelle repose ce second système; nous croyons qu'il faut aller plus loin encore et étendre, même aux aliénations et aux obligations notariées, la présomption que la femme a agi dans l'intérêt de son commerce. Du moment qu'on lui accorde la capacité d'aliéner et d'hypothéquer seule ses immeubles, il importe de ne pas l'entraver dans l'exercice de ce droit, de ne pas le rendre illusoire entre ses mains. Il faut donc que les tiers de bonne foi puissent traiter avec elle en toute sécurité, sans s'exposer à ce qu'on vienne plus tard exiger d'eux une preuve souvent impossible, toujours difficile. L'article 7 du Code de commerce n'autorise-t-il pas d'une manière absolue l'aliénation et l'hypothèque ? Si la généralité de ses termes ne doit pas faire décider que ces actes sont permis à la femme, même pour causes étrangères à son commerce, ne peut-on pas au moins en conclure que la présomption sera en faveur de leur validité ? Et d'ailleurs cette présomption n'est-elle pas en général très naturelle ? Les actes d'une personne dont le commerce est la principale occupation, s'ils ne sont pas commerciaux par eux-mêmes, ne se rattachent-ils pas le plus souvent d'une manière plus ou moins directe à son négoce ? C'est donc la femme qui invoque une exception, quand elle prétend que l'acte passé par elle ne se rapportait pas à son commerce ; c'est donc à elle qu'il incombe d'en faire la preuve.

Quels sont, à l'égard du mari, les effets de l'autorisation ?

La règle qui domine toute cette matière est bien simple ; celui qui intervient pour autoriser un incapable, pour le rendre habile à s'obliger, ne s'engage pas lui-même : *Qui auctor est, non se obligat* ; tel est le principe posé par le droit romain (L. 26, C. *De adm. tut. vel curat.*), adopté sans contestation par notre ancienne jurisprudence, et que tout le monde s'accorde encore aujourd'hui à reconnaître comme un axiome de raison et de bon sens.

Toutefois, ce principe peut recevoir, en apparence du moins, quelques exceptions : il peut se faire que, par suite de conventions matrimoniales, l'autorisation du mari produise contre lui certains effets, ainsi :

1° Sous les régimes qui attribuent au mari la jouissance des biens de la femme (exclusion de communauté, régime dotal), l'autorisation qu'il donne pour l'aliénation de ces biens entraîne la perte de son droit de jouissance sur les biens aliénés, à moins d'une réserve expresse de sa part (*Arg.*, art. 1555) ;

2° Sous le régime de la communauté, outre que le consentement du mari à l'aliénation des propres de sa femme prive la communauté du droit de jouir de ces propres, les obligations contractées par la femme autorisée de son mari donnent action aux créanciers non-seulement sur ses biens personnels, mais encore sur les biens de la communauté et sur les propres du mari, sauf récompense ou indemnité (art. 1409, § 2, 1419, 1420, *à contr.*). Il y a présomption que ces obligations sont souscrites autant dans l'intérêt du mari que dans celui de la femme. Cependant, si l'acte passé par la femme ne concernait évidemment que ses intérêts personnels, on rentrerait sous l'empire de la règle : *Qui auctor est non se obligat*, et le mari ne serait pas obligé. C'est ainsi que, dans l'article 1413, la loi déclare que les créanciers d'une succession purement immobilière, acceptée par la femme du consentement de son époux, ne peuvent poursuivre leur payement que sur les biens propres de la femme. De même, nous pensons que le mari qui aurait autorisé sa femme à aliéner un de ses propres, sans se porter garant de la vente, ne serait pas tenu envers l'acheteur par le seul fait de son autorisation (*Arg. à contr.* de l'art. 1432).

L'article 220 fait l'application de la règle générale, en cas de communauté, aux obligations contractées par la femme marchande publique. « Elle oblige aussi son mari, dit cet

» article, s'il y a communauté entre eux. » Tous les bénéfices de la femme tombent dans l'actif de la communauté (art. 1401, §§ 1 et 3) ; il est donc juste que la communauté, et par suite le mari, administrateur de la société conjugale et son représentant vis-à-vis des tiers (art. 1421), supportent les dettes relatives à des opérations commerciales dont tout l'émolument leur appartient.

Mais irons-nous jusqu'à dire que le mari sera tenu par corps des engagements commerciaux de sa femme ? Sous l'ancien droit, la question était déjà discutée. Les auteurs les plus accrédités, Pothier et Jousse notamment, admettaient la contrainte par corps contre le mari. « En effet, disaient-ils, par le consentement qu'il a donné, il est censé s'être associé avec sa femme pour faire le commerce ; donc il est obligé, comme elle, pour dette commerciale, et en matière de commerce la contrainte par corps est de droit commun. » — Cette opinion, reproduite par Delvincourt sous l'empire de notre droit nouveau, est généralement condamnée par la doctrine et la jurisprudence. Lors de la discussion de l'article 220 au Conseil d'État, M. Tronchet fit remarquer, avec beaucoup de justesse, que l'acte de commerce ne doit emporter contrainte par corps que contre celui qui l'a signé. C'est seulement par voie réfléchie et comme chef de la communauté que le mari est tenu de la dette. Il se trouve dans une position analogue à celle des héritiers d'un commerçant qui peuvent bien être poursuivis devant le Tribunal de commerce, mais qui ne doivent pas être condamnés par corps, parce qu'ils sont obligés du chef d'autrui. D'ailleurs, la contrainte par corps, cette voie rigoureuse d'exécution que l'adoucissement progressif des mœurs fera certainement disparaître un jour de nos Codes, ne doit être prononcée que dans les cas déterminés par une loi formelle (art. 2063, C. Nap.). Or, nous ne trou-

vons aucun texte qui s'applique expressément à notre hypothèse ; il est donc impossible de la prononcer contre le mari.

Ces principes doivent être adoptés non-seulement sous le
régime de la communauté légale, mais encore sous le régime
de la communauté réduite aux acquêts. Car, aux termes de
l'article 1490, tout ce qui est acquis par l'industrie de la
femme tombe dans cette communauté restreinte. Donc, par
une juste réciprocité, les dettes contractées pour l'exercice
de cette industrie doivent y tomber également.

Mais supposons les époux mariés avec exclusion de communauté ou sous le régime dotal, les obligations de la femme
autorisée à faire le commerce rejailliront-elles contre le mari ?
Le Code Napoléon et le Code de commerce sont entièrement
muets sur ce point, et leur silence a laissé le champ libre à
la controverse.

Examinons d'abord la question sous le régime exclusif de
communauté. D'après les articles 1530 et 1531, le mari jouit
de tous les revenus de sa femme ; il a le droit de percevoir
tout son mobilier, sauf la restitution qu'il doit en faire après
la dissolution du mariage. Il pourra donc toucher les valeurs
qui résulteront du commerce de la femme ; s'il recueille les
bénéfices, il sera tenu des obligations soit pour le tout, soit
pour les intérêts seulement, suivant qu'on considèrera les
bénéfices comme des fruits qui deviennent siens, en vertu de
son droit de jouissance, ou comme un capital qu'il est obligé
de restituer. La question se réduit donc à apprécier le véritable caractère des gains faits par la femme dans l'exercice
de son commerce.

Plusieurs auteurs prétendent qu'il faut les assimiler à des
fruits. Le mari ne doit restituer que *tout le mobilier apporté en
dot par la femme ou à elle échu pendant le mariage* (art. 531).
Or, il ressort des articles 1498 et 1527 que les produits de

l'industrie des époux ne doivent pas être confondus avec leur mobilier présent ou futur ; donc, *à contrario*, ces produits ne sont pas sujets à restitution. Dès lors, il faut appliquer la règle posée par l'article 220 pour le cas de communauté, et décider que le mari, profitant de tous les bénéfices, doit supporter aussi toutes les pertes.

Une autre opinion, qui nous paraît beaucoup plus juridique, impose au mari l'obligation de vendre les capitaux gagnés par la femme dans son commerce, et, par suite, ne met à sa charge que les intérêts des dettes par elle contractées. L'industrie de la femme n'est pas un *bien* (art. 1883, *arg. à contr.*), et, par conséquent, les produits de cette industrie ne peuvent être considérés comme des fruits dévolus en pleine propriété au mari. Les articles 1498 et 1527, qu'on invoque dans le système contraire, se retournent contre cette théorie ; car, en parlant séparément des produits de l'industrie et des économies faites sur les fruits et les revenus, ces articles montrent bien que la loi a fait une distinction entre ces deux espèces de biens. Or, les fruits seuls sont attribués au mari par l'article 1530. Donc les produits de l'industrie ne doivent pas lui appartenir. Enfin, les articles 220 du Code Napoléon et 5 du Code de commerce déclarent que la femme oblige le mari s'il y a communauté entre eux : donc, s'il n'y a pas de communauté, le mari ne sera pas engagé. L'argument est bien simple et il nous semble concluant.

Supposons maintenant les époux mariés sous le régime dotal. La femme s'est constitué en dot tous ses biens présents et à venir. Suivant le principe que nous venons de poser, cette constitution ne doit pas s'étendre à l'industrie de la femme, qualité essentiellement inhérente à sa personne et qui ne peut être l'objet d'un engagement illimité (art. 1780). Or, si l'industrie, c'est-à-dire la personne même, n'est pas constituée en dot, les produits de cette industrie ne doivent pas non plus être regardés comme dotaux. En effet, la dot ne peut pas être augmentée pendant le mariage (art. 1543), et ce serait l'augmenter que d'y faire entrer d'autres biens que ceux que les parties ont eus en vue lors du contrat de mariage, c'est-à-dire les biens qui échoient à la femme par succession ou par donation. Donc les bénéfices résultant du commerce sont paraphernaux ; la femme en aura l'administration et la jouissance, et par conséquent le mari ne sera tenu de ses obligations commerciales ni pour le capital ni pour les intérêts. Il restera aussi étranger aux bénéfices et aux pertes que si les époux étaient séparés de biens. On dit : Mais alors les créanciers de la femme n'auront aucun moyen de se faire payer, puisqu'ils ne pourront pas saisir les biens dotaux. Sans doute leur position ne sera pas très bonne; mais ils auront à s'imputer d'avoir traité avec une femme qu'ils devaient savoir mariée sous le régime dotal (art. 69, C. comm.); d'ailleurs, ils auront le droit d'employer contre elle la voie de la contrainte par corps, et alors, pour obtenir la liberté de sa personne, elle pourra se faire autoriser par la justice à vendre ses immeubles dotaux.

L'autorisation donnée par le mari lui-même produit donc quelquefois, à son égard, certains effets. Il en est différemment de l'autorisation émanant de la justice. Dans aucun cas elle n'est opposable au mari; jamais elle ne préjudicie aux droits qu'il peut avoir sur les biens de sa femme en vertu de son contrat de mariage.

Ainsi : 1° L'aliénation, faite avec l'autorisation de justice, d'un immeuble dont la jouissance appartient au mari ne peut porter que sur la nue propriété; le droit de jouissance du mari demeure intact entre ses mains. (Art. 1555.)

2° La femme commune qui s'oblige avec l'autorisation du

jugé n'engage point les biens de la communauté (art. 1426), ni à plus forte raison ceux de son époux. Elle n'engage que la nue propriété de ses biens personnels. (Art. 1413, 1417, 1424.)

Toutefois, à cette règle deux exceptions : elle peut, avec la seule autorisation de justice, engager les biens de la communauté pour tirer son mari de prison ou pour l'établissement des enfants communs, en cas d'absence du mari. (Art. 1427.)

L'autorisation une fois donnée est-elle irrévocable? N'y a-t-il pas un moyen pour le mari de faire cesser ses effets, tant à son égard qu'à l'encontre de sa femme?

Qu'il puisse révoquer l'autorisation qu'il a donnée lui-même, cela est évident : « La femme ne peut être marchande publique sans le consentement de son mari, » dit l'article 4 du Code de commerce. Il ne suffit donc pas que ce consentement se soit manifesté à l'époque où elle a entrepris son commerce ; il faut qu'à chaque instant l'assentiment de son mari l'accompagne. Et ce que nous disons du consentement, on doit évidemment l'appliquer à l'autorisation, puisque nous avons vu que, dans notre droit actuel, ces deux termes sont entièrement synonymes.

Ainsi le mari qui aurait autorisé sa femme à poursuivre ses droits en justice, pourrait certainement révoquer cette autorisation après le jugement de première instance, s'il ne croyait pas que le procès dût être soutenu en appel.

Et ce droit de révocation s'étendrait même, selon nous, aux autorisations données par contrat de mariage et qui ne seraient pas des autorisations générales d'administrer. On ne peut abdiquer à l'avance un attribut aussi essentiel de la puissance maritale.

Toutefois, la révocation ne peut avoir lieu qu'autant que les choses sont entières, et elle ne rétroagit jamais au préjudice des tiers. Même pour l'avenir, elle ne leur sera opposable qu'autant qu'ils auront été mis à même de la connaître (*Arg*. de l'article 2005, C. Nap.). Ce sera donc au mari de donner à la révocation toute la publicité nécessaire. Si, par exemple, il veut retirer l'autorisation donnée à sa femme de faire le commerce, il agira sagement en employant les moyens indiqués par les articles 67 et 69 du Code de commerce : déclaration aux greffes des Tribunaux de première instance et de commerce; affiche dans l'auditoire de ces Tribunaux, dans la chambre des notaires et dans celle des avoués. Mais comme la loi ne trace point de règle formelle sur ce point, la question de savoir s'il y a eu publicité suffisante sera toujours une question de fait laissée à l'appréciation des Tribunaux.

Ce droit de révocation qui compète au mari est-il absolu ou peut-il être soumis au contrôle de la justice? La réponse est facile dans tous les cas où nous avons reconnu au juge le droit d'autoriser, à défaut ou sur le refus du mari. Il est clair qu'alors les choses devront se passer comme si le mari avait toujours refusé son autorisation, et par suite la femme pourra s'adresser à la justice. Mais nous avons pensé que la justice ne peut jamais habiliter la femme à faire le commerce. Faut-il conclure de cette solution que la révocation du mari sera constamment à l'abri de toute réclamation devant les Tribunaux? Nous croyons qu'une distinction est nécessaire. Si les obligations commerciales de la femme rejaillissent contre le mari, le droit de révocation sera absolu : il est impossible que la femme l'engage malgré lui envers les tiers; il est seul juge du point de savoir s'il est opportun de continuer un commerce dans lequel il est lui-même intéressé. Si, au contraire, la femme est séparée de corps ou de biens, ou si elle fait le commerce avec des valeurs paraphernales, la révocation du mari ne sera pas sans contrôle. La justice pourra intervenir pour en apprécier les causes. Il ne s'agit plus ici de suppléer le consentement du mari, mais d'examiner si, le consentement qu'il a donné, il a pu le retirer, sans préjudicier d'une manière grave aux intérêts de sa femme. Telle est, du reste, la solution qui paraît résulter de la discussion au Conseil d'État.

Mais l'autorisation de justice sera-t-elle aussi susceptible de révocation ? Ceci est plus délicat. D'une part, il est impossible que le mari ait le droit de la révoquer lui-même, *ejus est nolle, cujus est velle*. D'autre part, l'autorisation de justice est, encore plus que celle du mari, soumise à la règle de la spécialité, surtout si l'on n'admet pas qu'elle puisse habiliter la femme à faire le commerce. La révocation ne pourrait donc avoir lieu que bien rarement dans la pratique, puisqu'elle ne doit se produire qu'autant que les choses sont encore entières.

Toutefois si, après l'autorisation et avant l'accomplissement de l'acte pour lequel elle a été accordée, il se présentait des circonstances nouvelles qui, aux yeux du mari, fussent de nature à compromettre les intérêts de sa femme, nous croyons qu'il pourrait s'adresser à la justice pour faire retirer l'autorisation, en suivant la même marche que la loi a tracée pour la demander. (Art. 861 et suiv., C. pr. civ.)

C

EFFETS DU DÉFAUT D'AUTORISATION.

Dans l'ancien droit, la nullité résultant du défaut d'autorisation était radicale et absolue ; elle n'est plus aujourd'hui que relative. J'en conclus que cette nullité, édictée dans l'intérêt de certaines personnes, ne peut être provoquée que par elles ; qu'elle n'est recevable que pendant un certain temps ; enfin qu'elle peut être couverte par une ratification ultérieure, l'obligation n'étant pas entachée d'une nullité de non existence, mais étant seulement annulable.

Et d'abord la nullité n'est proposable que par certaines personnes déterminées.

« ART. 225 : La nullité fondée sur le défaut d'autorisation » ne peut être opposée que par la femme, par le mari ou par » leurs héritiers. » La loi met la femme en première ligne ; c'est qu'en effet elle a intérêt à faire prononcer cette nullité, et la sanction la plus efficace d'une incapacité réside précisément dans le droit accordé à l'incapable de s'en prévaloir lui-même. Après la femme vient le mari ; le mari qui, lui aussi, est poussé par de puissants mobiles ; car il y va de sa dignité et de son autorité ; la famille tout entière y est intéressée. Mais la loi dit encore : *par leurs héritiers*. On le comprend pour les héritiers de la femme ; ils trouvent cette action dans la succession, ils en usent, rien de mieux ; mais comment en serait-il de même des héritiers du mari ? Assurément l'explication n'est pas aisée ; tout ce que l'on peut dire, c'est que les héritiers du mari ne peuvent agir que lorsqu'ils ont un intérêt pécuniaire, par exemple, lorsque la femme non autorisée a renoncé à une succession mobilière, qui tombait, sans cette renonciation, dans la communauté.

Les créanciers de la femme, mais non sa caution, ont le droit d'opposer le défaut d'autorisation ; la faveur accordée par l'article 225 n'est point exclusivement personnelle. Mais les tiers ne peuvent se prévaloir de l'incapacité de la femme : *Quisque gnarus esse debet conditionis hujus cum quo contrahit.* Est-ce à dire pourtant qu'ils seront toujours à la merci de la femme ? Va-t-elle pouvoir les forcer à exécuter le contrat sans se faire dûment autoriser à cet effet, ou au moins sans leur donner des sûretés pour les garantir contre les dangers auxquels cette exécution va les exposer ?

Je ne le pense pas. C'est, par exemple, une femme qui a vendu un immeuble à un tiers et qui lui demande le payement de son prix. Ce tiers lui répondra : Je ne payerai qu'autant que vous serez autorisée par votre mari à recevoir ou que vous me donnerez caution. En effet, je ne demande point la nullité de la vente, c'est vous seule qui pourriez la réclamer. Vous ne le faites point, vous voulez au contraire maintenir le contrat et le faire exécuter : vous avez le droit de m'y forcer, mais ce droit, vous devez l'exercer d'une manière loyale. Or, d'une part, si vous dissipez l'argent que je vous aurai versé, je n'aurai aucun recours contre vous (art. 1312) ; d'autre part, vous pourrez toujours rentrer en possession de votre immeuble, en faisant prononcer la nullité de la vente. Je perdrai donc à la fois et la chose et le prix. Cette situation que vous voulez me faire est trop inique pour que la loi vous permette de me l'imposer. Renoncez donc dès à présent à votre action en nullité et ratifiez le contrat, en vous faisant autoriser à toucher le prix ; ou bien, si vous voulez vous réserver votre liberté d'option, donnez-moi des sûretés qui me garantissent la restitution de mon prix au cas où, par la suite, vous viendriez à faire annuler votre obligation. (*Arg. d'anal.* de l'art. 1653.) Cette prétention est parfaitement fondée en équité ; elle n'est contraire à aucun texte, il nous semble impossible de ne pas l'admettre.

Mais nous n'irions pas jusqu'à accorder aux tiers le droit d'interpeller la femme, après l'exécution du contrat, pour la forcer à choisir entre la nullité et la validité. Jamais, ni pendant la durée du mariage, ni après sa dissolution, la femme ne peut être contrainte à se prononcer. Le sort du contrat est en suspens, et l'incertitude qui en résulte est précisément la sanction de la nécessité de l'autorisation. Sans doute la position des tiers est fâcheuse, mais ce sont eux-mêmes qui se la sont faite ; ils ont commis une faute en contractant avec une personne incapable, qu'ils en subissent les conséquences. Pour eux, le contrat est valable tant que la femme n'intente pas l'action en nullité, et la loi lui donne dix ans pour l'exercer (art. 1304) ; il est impossible de substituer à ce délai légal un délai plus court, en la mettant en demeure d'agir, sous peine de déchéance, au bout d'un an, d'un mois peut-être, le lendemain même du contrat, car il faudrait aller jusque-là ! Et si la femme refusait d'opter, que pourrait faire le juge saisi d'une pareille contestation ? Déclarer la nullité ? Mais ni la femme ni le mari ne la demandent, ce serait violer directement l'article 225. Décider que le contrat est valable ? mais c'est là une vraie ratification, et la ratification suppose l'intention de réparer le vice dont l'acte est infecté, chez la partie même qui peut se prévaloir de ce vice (art. 1338). Suppléer cette intention ce serait certainement, de la part du juge, un excès de pouvoir. Ainsi, de quelque côté qu'on se tourne, on aboutit à une impossibilité ; donc l'action que les tiers intenteraient pour forcer la femme à prendre un parti devrait être jugée irrecevable.

La règle établie par l'article 225 est absolue ; il y a pourtant quelques cas dans lesquels son application a soulevé des difficultés. Une femme accepte sans autorisation la donation qui lui est faite ; la nullité, même dans cette hypothèse, n'est-elle que relative ?

La question était déjà fort débattue sous l'ancien droit ; quelques-uns de nos vieux jurisconsultes, surtout depuis l'ordonnance de 1735, tenaient pour nulle la donation entre vifs lorsqu'elle avait été acceptée par un incapable.

D'autres distinguaient entre l'acceptation faite par un mineur et celle qui était faite par une femme mariée. Quelques-uns inclinaient vers la nullité relative, et leurs adversaires reconnaissaient eux-mêmes que le système de la nullité absolue était peu conforme à l'équité et à la raison, qui semblent conduire au parti contraire.

Aujourd'hui, la lutte s'est renouvelée, plus ardente que jamais. Les uns ont dit : La donation entre vifs est un acte solennel, soumis à des formes substantielles, sans l'accomplissement desquelles elle n'existe pas ; or, au nombre de ces formalités extrinsèques figure l'acceptation ; si cette acceptation est faite par une personne incapable, elle est censée ne pas être intervenue, et alors il n'y a pas de donation ; le donateur ne peut se trouver engagé, quand le donataire n'est pas lié. D'autres, et nous sommes de cet avis, ont pensé que la nullité est ici encore toute relative. La combinaison des articles 225, 217, 934 conduit à cette solution. Aucun texte ne déroge à la règle générale posée par l'article 225. En effet, l'article 217 place sur la même ligne l'acquisition à titre gratuit et l'acquisition à titre onéreux ; l'article 934 rappelle lui-même l'article 217. Que la donation soit un acte à part, régi par des règles distinctes, essentielles, c'est incontestable ; mais il faut se garder de confondre ce qui a trait à la forme et ce qui touche à la capacité même. Lorsqu'une femme mariée accepte sans autorisation, l'acceptation n'est pas infictée d'un vice de forme, assurément, car la forme consiste dans l'acte authentique, dans les expressions employées, dans les termes exprès nécessaires pour la validité de l'acceptation ; mais si une femme non autorisée accepte en respectant toutes les règles de forme, il n'y a plus là qu'une question de capacité.

Il en serait de même du compromis, de même encore des actes dans lesquels les tiers n'ont pas personnellement contracté ou plaidé avec la femme.

La nullité résultant du défaut d'autorisation peut être proposée durant dix ans, à partir de la dissolution du mariage. C'est la disposition formelle de l'article 1304, qui s'applique spécialement aux obligations conventionnelles. Pour ce qui est des décisions judiciaires, elles doivent être attaquées par les voies ordinaires de recours, et il importe seulement de remarquer que le moyen résultant du défaut d'autorisation peut être proposé en tout état de cause.

Enfin, le dernier caractère des nullités relatives, que nous avons déjà signalé, c'est la ratification possible, expresse ou tacite de ces sortes d'obligations simplement annulables. Cette ratification est soumise aux règles écrites dans les articles 1338 et 1312. Telles sont, dans leur ensemble, les principes qui règlementent la capacité de la femme mariée sous l'empire du Code Napoléon. Ils reposent sur deux ordres d'idées que l'on ne doit jamais perdre de vue ; d'une part, la dépendance à laquelle la loi soumet l'épouse par rapport à son mari ; d'autre part, la position que se fait à elle-même la femme par son contrat de mariage.

Quel que soit le régime matrimonial par elle adopté, l'épouse ne saurait se soustraire à l'autorisation maritale pour ester en justice ou aliéner ses immeubles. Mais, en dehors de cette nécessité sociale et d'ordre public, le législateur a créé pour la femme des immunités et des priviléges sous lesquels elle peut s'abriter, et elle est complètemeut affranchie des incapacités de parti pris et des exclusions injustes qui la frappaient autrefois.

POSITIONS.

Droit romain.

I. — Le pupille est obligé civilement dans la mesure de son enrichissement; pour le surplus, il est tenu d'une obligation naturelle.

II. — Un simple pacte suffit pour engendrer une obligation naturelle.

III. — Le possesseur d'un immeuble, *ex causâ judicati*, peut, s'il vient à être dépossédé par un tiers, intenter l'Action Publicienne.

IV. — La renonciation expresse au bénéfice du sénatus-consulte Velléien, faite par la femme en dehors des conditions posées par la loi 22, C. *De Sc. Vell.*, est nulle et lui laisse le droit de se prévaloir de l'exception.

V. — Le mariage n'avait point, à Rome, le caractère d'un contrat purement consensuel.

Droit français.

VI. — La nécessité de l'autorisation maritale dérive à la fois de la faiblesse de la femme, de la puissance du mari et de la nature des rapports des époux entre eux.

VII. — Le mari pourvu d'un conseil judiciaire est impuissant à autoriser sa femme, même avec l'assistance de ce conseil.

VIII. — L'obligation alimentaire n'est ni solidaire ni indivisible.

IX. — L'usufruitier ne peut contraindre le nu propriétaire à faire les grosses réparations.

X. — Le donataire d'un immeuble sujet à rapport n'est pas responsable de l'incendie qui a détruit l'immeuble donné.

XI. — L'article 865 du Code Napoléon ne s'applique pas seulement aux hypothèques, mais encore à toutes charges réelles créées par le donataire.

Droit pénal.

XII. — En soi, la peine de mort n'est pas illégitime.

XIII.—L'ivresse complète exclut l'application de la loi pénale.

Droit international.

XIV. — Les jugements rendus par les tribunaux étrangers sont exécutoires en France, en vertu d'un simple *pareatis*, pourvu qu'ils ne contiennent pas de dispositions contraires aux bonnes mœurs ou à l'ordre public.

XV. — L'étranger, légalement divorcé dans son pays, peut valablement contracter mariage en France.

Vu par le Président,

A. BERTAULD.

Vu par le Doyen,

DEMOLOMBE.

VU, PERMIS D'IMPRIMER.

Le Recteur de l'Académie,

THÉRY.

LIMOGES. — IMPRIMERIE DE Mme Ve H. DUCOURTIEUX.

www.ingramcontent.com/pod-product-compliance
Lightning Source LLC
Chambersburg PA
CBHW050622210326
41521CB00008B/1345